当代武汉历史文化系列丛书

追寻百年后第一枪

武汉出版社

李栋 / 主编

（鄂）新登字08号

图书在版编目（CIP）数据

追寻百年后第一枪 / 李栋主编. —武汉：武汉出版社，2011.9
ISBN 978-7-5430-6323-5
I.①追… Ⅱ.①李… Ⅲ.①辛亥革命—当代经济人物—创业事迹—中国 Ⅳ.①K825.3
中国版本图书馆CIP数据核字（2011）第194782号

追寻百年后第一枪

策　　划：武汉青年国民经济研究所　黄智刚
主　　编：李栋
责任编辑：李俊
装帧设计：汤询
出　　版：武汉出版社
社　　址：武汉市江汉区新华下路103号　　邮　编：430015
电　　话：(027)85606403　85600625
http://www.whcbs.com　E-mail:zbs@whcbs.com
印　　刷：武汉德利彩印有限公司　　经　销：新华书店
开　　本：889mm×1194mm　1/16
印　张：16.5　字　数：422千字
版　次：2011年9月第1版　2011年9月第1次印刷
定　价：38.00元

版权所有·翻印必究
如有质量问题，由承印厂负责调换。

目录

序言 / 01

青山区王海春：我要做中国康居示范 / 01

刘国梁变法：小蓝鲸集团鼎举中国营养餐饮试点记事 / 29

· 延伸阅读　时光之轮上的餐盘：饮食变迁的喜剧与悲剧 / 47

武汉万科物业：让居者回归社区幸福 / 53

· 延伸阅读　张之洞博物馆：一个人和一座城 / 77

陈纯星：川娃子缔造民族电梯"王国" / 83

石俊：造原生电动车，筑500亿车企 / 87

精武鸭脖：拐子们的集体"演武" / 91

人保财险：创新从武汉走向全国 / 103

刘纯啟："免费公共自行车"的武汉印象 / 113

黄友阶：武汉技术引领世界厨房革命 / 127

李习洪：我们走在了世界阀门的最前沿 / 137

杨柯：开启全球首个茶油主题风景区 / 143

白云：中国平安城市梦 / 153

刘宝林：民营医药通九州 / 159

胡中元：激光是这样炼成的 / 165

卢士海："防爆玻璃膜"卢士海造 / 171

张先炳:"疯子张"的降解材料 / 177

施铭德:防腐涂料的"航空母舰" / 183

张晓玲:21世纪中国"农业硅谷" / 189

陈美杉:亿元风投"砸中"的不是我,是一片湖 / 195

夏先重:华中第一环境亮化故事 / 203

王明星:"圈地"国际市场 / 205

李国斌:"穿山甲"湖北造 / 211

朱黎:王浆市场的"不倒翁" / 215

金凰股份:登陆纳斯达克 / 221

安琪酵母:闯入福布斯 / 227

木兰葛产品合作社:全国首家"海归版" / 233

洪山菜薹:"天下第一蔬"怎样炼成 / 239

大方学校:青龙山下一场"读经革命" / 243

武汉鼓风机:美国上市鼓起世界风 / 249

附录

武汉猜想 / 255

序言

百年前的辛亥革命，不止驱逐了鞑虏，更推翻了千年帝制，不止是首造共和，更是要翻转神州的沉沦。

百年风云，复兴使命持续至今。

今朝祖国万里山河，今日武汉"两江四岸"，没有枪口上的硝烟，没有士卒陷阵的怒吼。另一种主战场，就是经济与社会发展，依然鼙鼓声声，旌旗猎猎。另一种改天换地的第一枪，在这个主战场一再响起。

两种第一枪，皆指向民族的崛起。这样的血脉，流淌在相隔百年两辈武汉人的身上。

《追寻百年后第一枪》视角独特：叙写今人，以奠先人。从一个较小的侧面，状今日中国崛起之风貌，回照辛亥义士浴血之追求。百年巨变，乾坤扭转。

这里的"百年"，自然不是单指哪一年、哪一月、哪一日，而是讲两个时代。

武昌起义，或有"偶然"之议，其实，历史的必然历历在目。不用说湖北新军是除北洋军外当时中国最强大的现代军队，以及革命党人在新军久做宣传，遍布桩脚，一枪骤响，万弹击破夜空，不用说新式报刊、学堂及结社如雨后春笋，国内罕见，维新、立宪、共和，种种新潮文化蓄之既久，其发必烈，单就市民而言，因武汉为中国近现代工业发祥地之一，又因对外开放较早，无论是不断兴起的工商界，还是坊间力量，举城拥戴革命，这为后来的阳夏战事所证实。

犹如在池之中腹而非边角，投下巨石，波及效力最大，也亏得第一枪响在武汉这一中国中部最大的城市，南北的革命呼应既迅且猛。

第一枪振奋国人，亦鼓舞素怀"实业救国"梦想的工商业界。

武昌起义，阳夏战争，上至硚口，下至四官殿、民生路，火头十余处，烟雾蔽天，连烧三昼夜，汉口繁华之区化为焦土。武汉经济，遭到极大破坏，一时似难以复苏。

后来的事情却令人惊异：不过十余年间，三镇工厂由辛亥前约120家增至300多家，汉口商号由7000家扩为逾万家，金融业、交通业亦有新的建树。

史学家感慨：进军工业化，武汉是一座不怕牺牲的城市，是一座不言放弃的城市，"是一座经得起风浪的城市"，是一座地处长江中游却永远力争上游的城市。

此论又为后来半个多世纪的历史所一再证明。

除去先人之精神，武汉纪念"第一枪"，这份富有地域文化色彩的遗产当如何记取？这一"产业革命"的传统怎样来把握？

改革开放，较沿海起步晚些的武汉，渐渐失落了"一线城市排位"，较长时间少说多做，奋力追赶。今日，武汉经济与社会发展积攒了新的底气，武汉诸多不可剥夺、不可替代的天然优势愈见显现，武汉担纲国家"中心城市"的国家使命初露端倪，武汉人呼出"憋屈"长久的心声：复兴大武汉。

言下之意，重返中国一线城市。

本书"追寻新的第一枪"，笔墨集中于工商业界，其意也在于此。

武昌首义，打响第一枪的皆为名不见经传的新军普通官兵。他们来自草根，兜里永远没有几块银元。

第一枪改变了历史。

新的第一枪，同样不乏草根英雄。

他们也许名不见经传，扛大梁、办大事、兴大业却一点也不含糊、他们的故事或改写一个行业的纪录，开辟一条新的道路，或造福广大民众。有些事，更是影响中国、影响世界。

他们是第一枪的传人，他们沿续"一鸣惊人"的楚风。

本书突出了民营的"草根力量"，还有一层意思，就是武汉现代制造业和服务业，因种种历史的沿袭，加速壮大民营经济，仍是重振大武汉雄风的必修课。

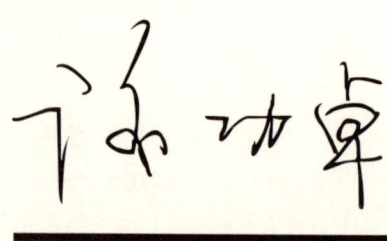

追寻百年后第一枪
王海春

青山区王海春：
我要做中国康居示范

文/倪云

■ 1986年10月，王海春在京北工兵遂行保障演习现场。

追寻百年后
第一枪
王海春

新闻界一位人士听了他的故事，有一个评判：很像富于传奇色彩的好莱坞喜剧片。

他在公司挂有一幅字："把事当事做，把难事当乐事做，把好事当善事做，为老百姓多建房，建好房，把好事办得更好！"

不同于企业界流行的"要做事，先做人"，他主张做事第一位，讲求"做事"的文化。

"人活着，做事才有意义。老老实实做事，才能本本分分做人。"

"做人的每一点特质，都与做的事紧密相关。"

"做人，终归要落到做事头上。"

"不做事，何谈做人？空谈虚论，实为误人惑人。"

"平常人品特别好，大事情面前无担当，不是大格局的人品。"

他曾是一个工程兵，说到底，是一个草根。

他做了一件事：建设了国家康居工程示范小区——武汉绿景苑。

他的办公室里，还挂了两幅图像。一幅是胡锦涛总书记2005年视察绿景苑小区的照片，一幅是武汉市青山区地图。

这是个最好的注脚：青山之绿，绿遍中国。

按国人写正史的方法，中国绿色人居革命，可以说，是从这两张图像的故事开始的。

中科院院士、联合国北北合作组织秘书长蒋明君感叹：武汉竟有如此优秀的住宅小区，未能参加联合国人居环境奖评选，实在惋惜。

全球华人传媒200多名新闻工作者参观小区后，得出结论：绿景苑代表了21世纪中国住宅建设的发展方向。

有趣的是，创造"奇迹"之后，他依然是一个区属公司的老总，依然默默无闻地在青山区做企业，绝大多数武汉市民仍不知庞大的房地产体系中有这号人物，这号传奇故事。

他行事的方法，总还是那一套，人活着就是为了做事。

此人叫王海春，曾是武汉市最小最不打眼的一家国有房企的"经理"。

第一幕：

大冬天，一盆冷水当头浇下。孙处长说了三个字，回去吧。

　　2000年冬天，北京，建设部北配二楼会议室。听了一天的汇报，专家们都已显疲态，有人喝一口续过好几次水的茶。

　　他们已讨论过好几个城市申报的康居示范工程方案，申报者要么是地方政府，要么是大型企业集团，或者是外企大亨。最后一个项目听说来自武汉，不知何方神圣。

　　北国冬日，天黑得早，窗外暮色笼罩，有些人已经在看表了。

　　武汉代表王海春出场，中年汉子，个头不高，一身风尘仆仆。一股浓重湖北口音，很有激情地介绍他的方案。嗓门颇大，这可能是早年他当营长时喊口令、训练兵娃子吼出来的。

　　听完汇报，众专家面面相觑。会议室极其安静，偶尔一两声咳嗽，让人觉得傍晚寒气重。终于有人开口了：你们是哪一级政府支持的单位？

　　答曰：武汉市青山区。

　　"到目前为止，搞康居工程没有一个二级企业。不是省市政府挑头，也不是大型国企……"

　　专家看着眼前的材料，有些无语：你们没有入门呐！建几栋房子也许可以，做示范项目，显然不是你们的强项。这些，大概就是从废纸堆里找来的图片拼出来的吧。

　　会场冷静得超出王海春的预料。他硬着头皮问：那，各位老师，能给些意见和点评吗？

　　一位专家摆摆手说，没意见。其他人，有的说一声对不起，有的埋头收拾桌上的东西，有的转身就往外走。

　　不一会，人都走得差不多了，只剩一个主持这次评审会的处长，姓孙。

　　整个汇报，前后不到20分钟。

　　武汉陪王海春来的，是市开发办一位科长，他一把拉住收拾东西准备走的孙处长，想看看有没有挽回的余地。处长压低声音："太水了。"抬头看一眼王海春，把科长叫到走廊上说了会话。

　　整个会议室，就剩王海春一个人站在那。

　　过了一会，处长又进来收拾东西。科长把他叫出去，半埋怨半泄气："我早就觉得不行，没沾边，非叫我来。孙处长一看是区属企业，都不愿意往会上排，现在话都不想讲了。"

　　"刚刚走廊上他说什么了？"

04

"说了三个字。"

"哪三个字?"

"回去吧。"

三个字像一盆冷水,把王海春的心浇凉了。

就这么回去?

"信他的邪,我再去争取一下。"他挣脱科长,腾腾腾地冲进会议室。

谁曾想,这一冲,王海春居然冲出了一个绿景苑小区,冲进了共和国康居住宅新天地。

第二幕:
胡锦涛总书记冒着细雨走进绿景苑小区:好!干得不错!

2005年8月22日,武汉,细雨。中共中央总书记、国家主席、中央军委主席胡锦涛,视察国家康居示范工程——绿景苑小区。

两个月前,绿景苑通过建设部达标验收,在全国已验收的18个康居示范小区中,

总分名列第一。

规划设计、建筑设计、成套技术、施工组织管理获"四项全能金奖",专家一致认为"代表了21世纪中国住宅产业的发展方向"。

报载:上午10时30分,总书记冒雨走进绿景苑。先在小区大门一侧的售楼大厅,听取青山城开公司总经理王海春汇报工作。

中央政治局委员、湖北省省委书记俞正声,省长罗清泉,市委书记苗圩,市长李宪生等省市领导随行。

听了汇报,俞正声介绍:"这个公司的老总,是一个军队转业干部,很能干。"总书记一脸高兴:"好!干得不错!"

总书记一行步入小区,古朴典雅的文化气息扑面而来:金樽滴翠、小桥流水、荆风楚韵、叠泉泛影,到处都是浓浓的绿意。

总书记连连点头称赞:"小区很漂亮,间距大,绿化好,这里的环境真不错!"

小区有一口仿古的水井,王海春说:"一口古井和辘轳把人们带回到悠远的岁月。"

胡总书记接着说,它寓意着幸福生活来之不易!周围掌声和笑声响起。

小区居民正在水井边压水,胡总书记走过去亲手拿起压力杆,不一会,清清的地下水通过水潭、水缸流进了小区的水系。

王海春介绍,"小区景观水系有中水、雨水、地下水和管道直饮水的废弃水"。

胡总书记点头称好,详细询问小区的污水处理系统。王海春"老实交待"说:"绿景苑采用生化技术处理生活污水的法子,是'剽窃'俞正声书记的技术,他当年在建设部大院率先应用,但我这也是全国住宅小区应用第一。"

众人皆笑,氛围一片轻松。

对于总书记关心的小区其他环保节能做得怎样,"采用墙体保温后室内温度能达多少度"?"地板辐射采暖用的是什么能源?太阳能是整体安装吗?每家每户都有吗?"

王海春将以节能为重点的成套技术与"四新技术"应用情况一一说明,并展示小区采用的建设部推荐8类技术体系和63项新技术。

得知外墙外保温技术的应用增加成本不过每平方米40~70元,总书记高兴地说:既然节能住宅造价不高,就应该大力推广。

"水车、编钟墙、楚亭,很有乡土气息和地方特色。"

"王羲之的兰亭、九曲流觞，你们也搬过来了，文化品味蛮高嘛。"

"窗外这个雕塑构思好，很简洁，有创意。"

"这个鹅卵石小道，光着脚走效果就更好了。"

总书记兴致颇高，不断发表观感。在一座具有楚风的古樽喷泉前，他指着倾樽而出的泉水，说："这个做得不错！"对着俞正声书记打趣："你看楚国人能喝酒啊！这个酒杯多大个家伙，一下子就解决了。"

在童叟对弈雕塑前，王海春信马由缰地说了句："据考证，象棋发源于湖北。"

胡总书记笑了笑说："哦！也对！楚河汉界是楚国的，象棋的历史很悠久，这个雕塑体现了楚文化。"

小区有20多处架空层，是用40余套住房改成的，分别以"琴棋书画，梅兰竹菊"命名，供居民遮风避雨、休憩娱乐。

弈趣廊有几位老人正在下棋，总书记与他们亲切交谈，询问小区的节能情况，房价每平方米多少钱？老人们一一作答。当听说有两位老工程师来自一个单位，一块退休，又同住一个单元，而且又都爱好文艺，胡总书记风趣地说，"那正好你们一个唱，一个伴奏"。

一位学生正在看书，总书记走上前去亲切地问道："看的什么书？在什么学校读书？学习的什么专业？"

女大学生曹晶回答："中国地质大学，材料专业。"

胡总书记勉励她要好好读书："材料是科技前沿的三大领域，是新兴科学领域的一个重要方面，材料科学大有作为。"

在一声声"胡爷爷好"的欢呼中，总书记与几个在母亲怀中的小孩拉了拉手。

胡总书记信步走进小区居民方泽民家中，拉着方老的手聊起了家常。方泽民老两口对绿景苑小区的节能住宅非常满意，对开发商的超前意识表示赞扬。

得知方老是武钢硅钢方面的专家，现已76岁仍担任着武钢的技术顾问时，总书记说："你既是改革开放的受益者，也是推进改革开放的贡献者。"

在工作人员的多次催促下，胡总书记意犹未尽地与方家老少一一握手告别。

离开小区时，胡总书记寄语王海春："你们这个小区建设起来不容易，要坚持做下去，下一步是怎么管理好的问题。小区的节能设施好，环保设施也好，关键是要管好。"

"你们抓建筑节能很有成效，这项工作很有意义，我们这么大的一个国家，住宅的建设量很大，你想想，如果把这个工作做好，将节约多少能源？过去我们在这方面做得不够，这个课要补回来。把住宅节能抓好了，不仅老百姓受益，也有利于国家的建设和循环经济的可持续发展。"

若干年后，每与人谈起绿景苑的"申康"之路，王海春总爱这么说：我忘不了2000年的那个冬天，是那句最令人刻骨铭心的"回去吧"，激励了我，改写了我的"人生"。

说这三个字的孙处长叫孙克放，是建设部住宅产业化促进中心的副总工程师。若干年后，他说过："青山城开公司作为一个区属国有企业，能完成康居工程已属奇迹。能拿到四项金奖，并通过建设部住宅性能2A认定，简直是神话！"

王海春、孙克放，一个曾是工程兵，一个曾下放当知青，都是"吃过苦过来的同时代人"，一样的倔强和执著。亏得这两人的硬气脾性，否则我们就看不到后来胡总书记视察绿景苑这一幕。

不管您批还是不批，这个康居工程，我搞定了！

大冬天，一句冷冰的"回去吧"，换别人就心凉着回去了。

王海春，他1970年入伍，在工程兵建筑部队服役。每与人谈起军人生涯时，他总是半认真半打趣地说："我是一个工兵，在军棋里是最小的，也是唯一的一个兵。别看它微不足道，但没有它，你就夺不了'军旗'，就取不了胜利。逢山开路，遇水架桥，冲锋前的爆破，撤退后的掩护，都离不开我们工兵。"

有人说，工程兵是全世界最能吃苦的物种，是整天与石头"硬碰硬"的人，是在最恶劣的自然环境里最能战斗、最不服输、最具有牺牲精神的人。

上世纪80年代，王海春曾赴中越边境老山地区执行防御作战遂行保障工程任务，道路、桥梁、排雷、爆破、永备工事……磨就了他坚忍不拔、执著不屈的性格。

头次进京申报的那个傍晚，王海春想都没想，转头就进屋找那个叫他回去的孙处长。

一进去，他就说："孙处啊，我们这次来北京，没指望能通过的，就是来学习。"

"学习好啊，多搜集些资料。"

"我看了文件，这个康居工程没有具体标准。"

"对，就是没标准，自己悟去！"

■ 1985年3月，王海春赴老山前线执行遂行工程保障任务。

    王海春开始犯"倔气"："我既然来了，得不到我想要的东西，我就不走了。我不管您批还是不批，这个康居工程，我搞定了！"

    孙处长吃惊了，我说你这个老总，还挺牛。来了这么多申报的人，就没见过你这样的。我不批，你搞什么！

    "康居工程是我国目前住宅产业的最高水平和住宅产业的发展方向，代表中国住宅产业的先进生产力；它继承发扬了中国传统民居文化和对现代建筑及其他民族建筑文化的吸收糅合，代表中国建筑先进文化发展方向；它满足了人民群众对于居住质量和居住环境的需求，代表广大人民群众居住利益。这么好的事，我们不干谁干？"

    人急生智，王海春一口气抛出"三个代表"，把处长说得有点愣。

    "既然建设部把旗帜竖起来了，我们就跟着走。我来这不是为了要名分，也不是抢一块牌子回去。"稍停了下，他露出一个"九头鸟式"的笑容，狡黠而坚定。

    "也不是不想要，你不给我，我也没得办法。但是我铁了心要做，只是不知道怎么做，你得给我点指导意见，我带回去，做康居。"

    孙处长好奇了，他看过一些申报，有炒概念的，也有冲着牌子来的，还没见过不

■ "窗外"将小区丽景尽收眼底。此雕塑获"全国住宅雕塑二等奖"。胡总书记赞它:"构思好,很简洁,有创意。"

要名分的。

当兵出身的王海春,一眼就看出眼前这个清瘦的处长,骨子里有一股不媚俗、能做事的气质。

"孙处,来之前我查了的,您是北京人,知青,在河北保定下乡当过知青。工农兵大学生,清华大学毕业,别看你是北京人,你在北京还没我长。"

"是吗?你是北京哪里?"

"我是工程兵,北京是你的第一故乡,是我的第二故乡。我在北京待了17年。你是工农兵大学生,我也是。当然,你读的是名校,我是部队院校出来的。你学的建筑,我学的建筑机械……"

几番对话下来,孙处长立马交待手下的娄科长,明天去部里,把康居工程的一些文件,给他们带回去看看。

七聊八聊,不觉快7点钟了。王海春问:"孙处,你还回去啊?"

他想请孙处长吃饭:"你是主人,我是客人。按理你要请我吃饭的。再说我带来的几个人,都是第一次到北京,我也是主人,你不请我,我也得请他们,您做个陪成不?"

娄科长忙说:"我们处长就怕到外面吃饭,平时都是一盘黄瓜、一盘饺子。"

"建设部旁边有个饺子店,咱们去吃饺子,不喝酒。"王海春轻车熟路地说。

孙处长居然豪爽地答应了。娄科长有些意外。

外面起风了,北京城一家饺子店,一南一北两个刚认识不久的人,煮饺子论天下。

热气腾腾的饺子端上来,就着几小碟醋,二人畅聊"居者有其屋"梦想,畅聊"安得广厦千万间,大庇天下寒士俱欢颜"。

孙处长打开天窗说亮话,来申报康居的很多,打回去的也很多,其中不乏块头大、名气响、来头硬的。关乎国计民生,标准卡得很严,到现在为止也就批了几家。

"康居示范工程建设能否成功,关键有三点:第一,有个好政府,能支持;第二,有个好班子,能做事;第三,有个好带头人,会掌舵。"

"区属企业要做康居工程,还真是头一回听说。"

"项目好不好先搁置不说,区属二级房地产企业,想申报成功几乎是不可能的事。"

在一个个财大气粗、实力雄厚的"对手"面前,注册资本仅500万元的青山城开,

实在不起眼。

那时节，究竟啥是康居工程，怕是整个中国房产业，没几个说得清白的。

"反正我知道就是要造好房子。好房子，老百姓一定喜欢。这条路我走定了，批不批我都非做不可。"

"为老百姓造环境好、住着舒适的房子，是我的梦想。"

饭桌上，王海春了解到，康居工程开展以来，进展很是缓慢。很大原因是"四新技术"和成套技术应用较多，建设成本高，当前市场环境下，业内不欢迎，社会认可度也并不太高。

加之要求极其严格，不少申报上的企业，原本以为扛一块牌子回去就毕业了，不料"要使用大量成套技术，专家要全程跟踪检查，最终还要验收……工程施工和项目管理上，都要比普通的开发项目耗费更多的精力和物力。"

一些申报上的企业掂量掂量，中途放弃了。

"当然，最终的项目验收不是最重要的，康居的目的在于跨越一步，为老百姓创造舒适、满意的居住环境。"

"好，那就好。"王海春一脸笑意。

这个老总倒是个实心眼，不怕麻烦……孙处长松了口："不然，你们回去照着标准，改一改方案，再试试吧。"

咬定"康居"也是为了救命

在孙处长以及后来的大大小小媒体面前，王海春从不讳言，他做康居工程，一是为给老百姓造好房子，二是自救自命。

与孙处长吃完饺子的当晚，他宿在北京一个普通旅馆里，一夜无眠。前一晚来京的火车上他睡得很踏实，因为天知道希望有多大。眼下有了那么一点"烛火"希望，他倒睡不着了。

上世纪90年代末，武汉房地产市场处于较低迷的状态。早先武汉的九个城区，都有区属城市建设综合开发公司，号称"九头鸟"，张扬一时。随着外来地产大鳄的进入和本土民企的崛起，"区属国资房企被这些曾经的小兄弟们，欺得水都没得喝"。

"红旗还能打多久"，垮的垮，倒的倒，改制的改制，"九头鸟"只剩青山城开公司。

一次，房地产行业开会。王海春发现，青山城开成了纯国有房企的一根独苗。他调侃道：在座各位是老板，不是董事长就是总经理，唯独我仅仅是一个经理。经理经理，也就是经手管理，一个小打工的。奋斗几十年，连一个总字都没混上。我那名片上的总经理是个虚衔，假的。组织部的任命书上职务就两个字：经理。

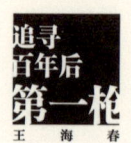

1991年，王海春调入武汉青山区建筑工程公司当经理，这是一个亏损企业，城里人不愿当泥瓦匠，企业靠政府借钱发工资。他去后的第一件事就推行多种经营，用他的话说是"丢掉泥瓦刀，做工业、商业和房地产业及相关的行业"。

后来，建筑公司以房地产为主业，势头越来越好。

1996年，武汉青山区委决定将他从建筑公司调到青山城开公司做老总。据说这是"丢卒保车"之举，青山城开公司是改革开放的产物，和建筑公司下面的房地产公司相比，可谓正宗房地产公司。

"改革开放初期，水里鱼多，一网下去能捕到不少鱼。当房地产发展到一定程度，鱼少了，一网下去，就几个小虾米，闹不好也许会捞上一条咬人的毒蛇，嘿嘿。"

青山城开是武汉市国有房企中最小的一家企业。"像我们这样的'小舢板'，怎么能抗击风浪？"

活下去是第一要务。

青山区是一个重化工城区，是上世纪50年代为建武钢而新兴的一个城区，人们的国有情结很深。辖区内绝大多数是武钢、石化等大型国有企业的职工宿舍，"商品房的意识还不明显，市场化程度不高，福利房直到本世纪初期还在延续。"

公司经营有问题，体制又不好改动。王海春唯有另想活命的出路。

"打碎的牙往肚子里咽，自己的事自己办，这是我妈妈从小教导我的。"

"我们做不大，但求能做好。"

2000年，王海春开始积极"跑"地。地"跑"下来了，做什么项目是个问题。地块在当时看来位置较偏，道路不通，交通不便。

周边又是一个大型福利房住宅区，其它商品房项目地价低廉，价格竞争上更具优势。

此路不通。

"民营地产企业经营机制活、激励机制好，我们比不上。住宅建设仍然停留在秦砖汉瓦的时代，与科学技术脱节，与发展的社会脱节，与人们当前的需求脱节。怎么去适应市场，我琢磨了好久也没个头绪。"

"住房建设要以人为本,建老百姓满意的房子,才是我们房地产开发人的历史使命"。多次的市场调研让王海春明白了这个道理,但什么是老百姓满意的房子呢?他自己也说不清楚。

王海春换了个思路,把自己当客户来研究:"我需要什么样的房子?怎样的房子可以吸引我?"

他转遍了武汉三镇的开发小区,也到外地看了几个"样板",后来经专家指点,去了武汉常青花园、南湖花园,这两家都是建设部早先的什么试点。他问:建设部还搞不搞试点了。人家说不搞了,"现在搞康居示范工程"。

又说"搞示范很累,要脱几层皮,你不要干这个事"。

王海春却决定放手一搏,抓住这根稻草。

"企业要生存啊,脱多少层皮我也得干。如果干是'找死',那不干,就是'等死'。找死比等死强,说不定柳暗花明、时来运转、死而再生。"

跑下来的两块地,面临开发资金问题。好比买了两口锅,无米下锅。无奈,一块地转让了,另一块,专心"备战"康居工程。

不知道康居工程的人说:"盖房子找市规划局批不就完事了,做什么康居工程,还得建设部审批。"

知道康居工程的人摇头说:"在青山区做康居,不可能。"

公司职工,三分之一拥护,三分之一观望,三分之一反对。

陪同王海春去过北京的设计院院长,也胆颤心惊,劝他说:"老王,算了吧。"

王海春不回头。

他有自己的想法。康居工程到底是什么?可以肯定,一定是高品质的好房子。做好房子就一定不会错。康居工程的品质,普通商品房的价格,一定会唤醒市场。至少方向是正确的。

7上北京,4请专家,9大技术体系, 9个课题组, 一一击破。

与孙处长一席"饺子谈"后,他回武汉重新"备战"。

建设部推荐9大技术体系,他就成立9个课题组,一一攻破。另增加一个市场调研组,上书店、进图书馆、逛建材市场、看小区、书里找、网上查、电话询问、传真联系、搜集了大量资料,掌握众多一手数据。

"主要是看究竟哪些新技术、新设备、新工艺、新材料适合小区,适合湖北武汉

■ 绿景苑雕塑·金樽滴翠

■ 绿景苑小品·编钟楚墙

地理气候。根据本地的水平，老百姓的承受能力，自己研究，综合分析，找出最好的性价比。每天加班加点到半夜。对119项技术和上千种产品反复对比、筛选。"

期间7上北京申报，4请专家到武汉。

每次去北京，都坐晚上那趟车，在火车上睡一夜，次日白天抓紧办事，下午或晚上又返程。

"要搞康居示范工程，就得从零开始研究，决不胡乱克隆。"

"他们（康居示范工程主管单位）只提了一个要求：希望我在湖北率先做墙体保温……因为武汉是冬冷夏热地区。"

王海春心里的康居工程是一个地地道道的武汉版，带着浓浓的荆楚民居色彩。其中一个版本，设计运用了一些地域文化符号和特征，典型的新中式风格。

"把现代都市风格与民族风格和江城武汉的特色融在一起，让中国人住中国的房子，何必非要追欧风、随西潮？"

孙处长也是个不拘一格的人，平常在办公室很难找着他，他爱到大大小小的项目工地上察看。王海春曾说一定好好学习康居工程文件，他就打趣：千万别迷信，迷进去就完了。它是一瓶水，你看完就是半瓶，瞎晃。

当然，这个"把事当事做"的牛脾气老总，还是较真地去"啃透啃烂"这些材料，还四处参观其他城市的标志性工程，取人之长补己之短。

两人有一点认识高度相同：好房子就是好房子，写在纸上的条条框框不是标准，只有住着的人实实在在地觉得好才算。

历时10个月，反复敲打，数易其稿，小区规划设计方案和可行性研究报告最终敲定。

2001年9月20日，建设部在武汉召开评审会，绿景苑康居示范小区项目获得通过，王海春累倒了。

建设部住宅产业化促进中心副主任梁小青，武汉军区出生长大，是个急脾气。她十分关注故乡的第一个康居项目，项目验收前，很不放心地问王海春："你这个项目到底行不行啊？"内心藏着"生怕武汉丢脸"的忧虑。现场听完王海春的项目汇报，她悄悄告诉身旁人：放心了，有底了。

2002年6月，绿景苑正式动工建设。定位为"科技住宅、绿色住宅、健康住宅"，建设主题是"人与自然的亲和———21世纪的家园"。

2002年10月19日，绿景苑一期住宅开盘销售，门庭若市，场面火爆，开盘三天下定认购60%。二期工程开盘时，出现了多年不见的排队长龙，寒冬腊月的夜晚，人们顶着凌厉的北风排队购房，甚至有人花高价请人站队拿号。

青山区委书记对王海春连说了几个想不到："想不到房子盖得那么快，想不到做得那么好，想不到王海春的胆子那么大。"

绿景苑引发业内新思维：

"康居工程不等于高价工程，高科技也并非高档住宅的专利，普通住宅只要选用合适的新技术、新材料，一样能做到节能省地。"

"康居示范工程对我们的成本影响，每平方米有300元左右。绿景苑开盘售价比周边高出300元，老百姓接受得了。"

"在2002年，绿景苑的均价2200元，周边的毛坯房都到1800元~2000元了，由于我们这用了63项新技术，再加上厨卫精装修，老百姓当然觉得物有所值。"

外墙穿件"棉袄"，屋顶戴顶"帽子"，让老百姓找回冬暖夏凉的感觉，谁会不喜欢呢？

王海春的体会：真正的康居，不是要最贵，是最适合。

杂篇1：绿景深处人家

绿常在，景无限。

盛夏，笔者一行慕名探访湖北首家国家康居示范小区。沿友谊大道从徐东大街往青山方向走到园林路路口，往南拐进去数百米，就到了绿景苑。

10万平方米，25栋住宅楼，居民两三千人，既无别墅，又非豪宅。第一印象：普通商品住宅区。往深处走，小山、流水、小桥、廊、亭、绿柳、池鱼，一派江南水乡景致；水井、水车、水牛、排箫、坡屋顶、金樽滴翠、镂空编钟、九曲流觞、楚亭、兰亭，流露出楚风汉韵。

久闻这一小区以绿为特色，以景为衬托，单从观感上说，当得起"绿景"二字。整个小区环境幽雅舒适，植被繁盛，满目皆绿，处处浓阴。细瞧全是本土植物，较之别处"舶来品"，来得自然一些。

照今日眼光，小区绿化不错，但不算特别。雕塑小品、"琴棋书画，梅兰竹菊"架空层、人车分流、廊架式绿化停车林等做法，也不新鲜。搁10年前，却是"开先河"之举。

其时，武汉与全国很多城市一样，房地产开发停留在"盖房"的较低层次，较少

追寻
百年后
第一枪
王海春

■ 绿景苑雕塑·古扇

考虑建筑节能、小区环境等。较早建设的小区，大多房屋密集、结构不合理，甚至出现"黑房"，绿化、休闲等设施比较少。有些开发商片面地追求经济效益，擅自改变规划，挤占绿化等公共用地。

相比之下，绿景苑和开发者王海春"厚道"得多。

绿景苑之绿，外观只是浅层，玄机在暗处。

在武汉，绿景苑几乎是"节能小区"的代名词。有人说，绿景苑已经将节能环保在住宅应用上发挥到了极致。这话或许有些夸张，但2005年建成的社区，运用63项成套技术，内建有污水回收处理系统、生活垃圾生化处理系统、直饮水系统、太阳能利用系统，迄今超越者寡。

【花下藏污水处理系统】

一座假山上，几簇鲜艳、茂盛的美人蕉极为抢眼。花下六个大桶肉眼看与平常景观桶别无二致，也无异味，实则是一套污水处理系统。社区居民的所有生活污水通过这套装置处理之后就可以达到生活杂用水质标准。

6个生化桶，每天可以处理生活污水75吨。绿化喷灌甚至包括小区内所有的景观用水以及道路清洗，经污水转化后的"再生水"都能全部满足。

小区长长的仿古步道砖下也藏"机关",秘密在地下。别的小区的雨水流到下水道既白白浪费掉了,同时又增加了城市排水干管的外排压力,绿景苑小区通过渗透式步道砖,让雨水渗透到泥土里,提高土地涵养,滋润小区的植被。

据介绍,整个小区的污水处理系统前期投资近30万元,每吨污水处理费0.8元~1元,业主并没有承担这部分费用。这是因为用自来水浇花的成本是每吨1.92元,用"中水"浇花反倒节约了0.92元~1.12元。另外青山区政府对污水处理设备投资补贴50%,每处理一吨污水奖励0.4元。

绿景苑社区居委会主任肖新民说:"我们这套设备年节约用水达到近3万吨,长期运行,管理好了加上政府的政策支持是可以达到平衡的。"

【草坪灯用上太阳能】

天黑亮,天明熄,由微电脑控制的庭院灯、草坪灯都不需要用市电,用太阳能供电。

专家介绍,这种灯对人体无害,因是冷光源,不会产生温室效应,对植物也没什么影响。后期运行、维修、维护费用几乎为零。

目前,绿景苑小区共安装太阳能草坪灯71盏、装饰灯30盏、庭院灯38盏,总功率达1859瓦,每年可节电1.88万度,省钱3万元。

【小区自行降解垃圾三分之二】

绿景苑小区的垃圾处理站,干净得有点"不像话"。每天早晨6点,小区工作人员会来把200多公斤的垃圾倒进废弃物生化处理机。

小区居民对垃圾分类投放,再由环保工人集中分拣,可回收垃圾"变废为宝",有机垃圾就地降解,实行源头减量,小区日减少外运垃圾约三分之二。

若无这个机器,每天得拖两车垃圾出去。现在一天不到一车,主要是那些不能分解的垃圾。半年清理机器一次,清理出来的都是肥料,就直接撒在园子里,养护花草。

【自来水直接喝】

拧开水龙头喝凉水,这景象似乎已有点遥远。在绿景苑,重现。

小区住宅全部采用管道直饮水技术,每家安装了两套供水管道,一套是生活用水,一套是纯净水管道,只要拧开纯净水龙头,可直接饮用。

小区配备了纯净水机房,机房内配有过滤、臭氧杀菌等消毒装置,确保自来水经过深度处理后,达到国家饮用水标准,再由纯净水管网输送给用户。生活用水与饮用水分管道、分水表、分龙头供应,处理后的废水则排入小区景观水系。

【家家统装太阳能热水器】

绿景苑的太阳能用得很足。草坪灯以外,大多数居民都使用太阳能热水器。

太阳能热水器的使用寿命是15年，仅此一项，户均可年节约用电860度。小区共有327户居民安装了太阳能热水器，则每年可节约用电28.1万度。

【外墙穿"衣服"、地板供暖，技术打造"自然空调房"】

武汉的气候全国有名，夏天是"火炉"，冬天似"冰窖"。

绿景苑的房子表面看不出什么特异之处，墙体内藏有玄机。

每栋住宅，都穿了一层隔热保温的"外衣"。外墙、屋顶、阳台等，使用聚苯颗料保温砂浆、聚苯保温板、陶瓷隔热涂料等；窗户，采用塑钢中空双层玻璃窗；大门，采用双开保温隔音防盗门……。

小区的16号、22号住宅，应用了地暖户式中央空调：冬天以低温热水为媒，夏天以冷水为冷源，利用户式中央空调机组和埋设于地板下的一排排水管，进行供热制冷，节能达二至三成。

这些看似平常的技术，让居民用空调的时间比普通住宅少2个月，且每天运行期间短、耗能少，节能效果达到国家节能标准50%以上。居民夏先生说："以前在老房子过夏天，摄氏30度以上就得开空调，现在摄氏37度以上我们才开。不用开一晚上，到12点左右就关了。"

■ 绿景苑雕塑·水牛望月

杂篇2：国家康居示范工程

1999年，建设部决定：推行国家康居示范工程，提高住宅的科技含量、设计水平和居住环境，实现社会效益、环境效益和经济效益的统一。

康居示范工程的指导思想为：依靠科技进步，应用成熟、先进的新技术、新工艺、新材料、新设备，进一步提高住宅质量及住宅的舒适性、适用性，创建21世纪文明的居住环境，推进住宅产业现代化，满足人民群众日益增长的住房需求，产生社会效益、环境效益和经济效益，并以示范工程为载体，形成住宅产业链，促进住宅产业现代化。

康居示范工程实践：1999年，建设部在全国范围内开展国家康居示范工程，并陆续颁布了国家康居示范工程管理办法和建设技术要点，商品住宅性能认定办法及指标体系。截至目前共有130多个居住小区列入计划，分布在19个省，部分申报工程在评审中被剔除。

2005年，全国已验收18个康居示范工程，它们是：西安紫薇城市花园、嘉兴金都景苑、大连锦华北园、昆山娄邑小区、无锡新世纪花园、嘉善证大东方名嘉小区、广州保利花园、新疆昌吉世纪花园、湛江金沙湾新城(二期)、平湖梅兰苑、南京聚福园、上海怡东花园、上海东方城市花园、上海文化佳园、沈阳万科新城、济南雅居园、江阴丽都城市花园（江阴新桥花园）、武汉绿景苑。

其中7个获得四项全能（规划设计、建筑设计、成套技术、施工组织管理）奖，武汉绿景苑总分位居第一。

属于王海春的2005年：名盘、名企、名人

2005年被称为"中国绿色地产元年"，科技与建筑完美结合成为主题。大量节能地产项目开始浮出水面，康居示范工程树为行业标杆。武汉打出的"绿色一枪"分量颇重。

一位记者写道：对于武汉房地产来说，2005年是不平凡的一年。"总书记视察绿景苑"被其盘点为"2005武汉房地产头件大事"。

这一年纷至沓来的荣耀，倒退几年，王海春和他那"连活命都困难"的青山城开公司根本不敢想象。

6月，绿景苑二期竣工。经建设部专家评审验收，小区获康居工程最高奖——囊括规划设计、建筑设计、住宅成套技术和施工组织管理四项金奖，总分位居全国第一。

此前，绿景苑已获"湖北省名盘"、"中国新户型设计精品综合奖"、"中国名盘五十强"、"第四届中国国际住宅产业展览会创新楼盘奖"、"东方园林中国优秀居住环境楼盘"等十几个奖项。

2005年，建设部和科技部颁发绿景苑"全国绿色建筑创新奖"、"国家康居住宅示范工程奖"；中国科技地产联盟授予其"2005年度中国科技地产名盘"……绿景苑坐实"中国名盘"之位。

青山城开获"2005年中国科技地产十大影响力企业"，当之无愧的"名企"。

2005年中国住交会上，王海春与全国地产界大腕同坛论道，大会第一次为其特设了唯一的也是最高奖项——"2005年度CIHAF中国房地产年度创新人物奖"，成为湖北省登上房地产最高奖台的第一人。

12月14日，在建设部2005中国房地产科技进步报告会上，王海春短短10分钟的发言征服了台下的嘉宾，褒奖声和掌声是对他最好的肯定："他说得太好了，他开发的项目太棒了！"

■绿景苑雕塑·童叟对弈

专家评其：举科技之力，引领住宅建设新潮。

一位老报人语：王海春打破了来自基层代表不能进入中央一级动作，打破了国家计划往往倾向于大企业的惯例。

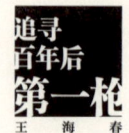

"名盘、名企、名人"，国家级、省市级奖项和荣誉雪片般飞来。

"湖北省墙体材料革新与建筑节能先进个人"、"中国科技地产十大影响力人物"、"武汉市十大杰出创业家"、"中国房地产年度推动力人物"……王海春拿奖拿到"手软"。

作为"十五期间"湖北省唯一的一个全国建筑节能先进单位和国家级康居住宅示范小区，绿景苑迎来了国家、省市各级领导和全国各地数万人的参观。

中科院院士及联合国北北组织秘书长蒋明君、加拿大国家安全防范参观团、国民党台湾苗栗县党部大陆考察团造访绿景苑。

全国人大"全国循环经济论坛"400名专家及"全球华人传媒"200多名新闻工作者，一致认为绿景苑代表了中国现代住宅建设的发展水平。

建设部以绿景苑为样板在武汉召开全国建筑创新和康居示范工程颁奖大会；中央及省市电视台多次报道小区的建设经验。

报载：2005年7月7日上午，中共中央政治局委员、省委书记俞正声、省长罗清泉、市委书记苗圩、市长李宪生等省市领导莅临绿景苑视察。俞书记和罗省长对绿景苑的节能工作给予了充分肯定和高度赞赏。

俞书记要求再接再厉，"多建设几个绿景苑式的节能住宅小区"，还给他减免了污水处理费。

2005年8月22日，胡锦涛总书记亲临小区视察，王海春乃至整个武汉市房地产界受宠若惊。

武汉地产界鼎鼎大名的"明姐"明玲女士，识王海春于"微时"。总书记到绿景苑后的第二天，她请了十几个地产老总去王海春处参观。大家争相与王握手，开玩笑说那是胡主席握过的手，沾沾"喜气"。

一时间，王海春"风头无二"。一些钻"牛角尖"的人，开始讨论"王海春与绿景苑，到底谁成就了谁"这个循环的命题。

作为开发商，王海春得到最为直接的实惠，土地和资金——房地产开发公司的两大"命根子"。

报载：李宪生市长对绿景苑新区征地作了重要批示，市土地规划局多次现场办公，将洪山区罗家港东680亩土地作为绿景苑的发展建设用地，列入武汉市第三批农用征地计划。

以往不相信在青山区能卖高价房子的银行，得知绿景苑成功后，也看好王海春和他的公司以及新项目，表示在融资方面广开绿灯。

王海春感叹：这一切，都是国家科技示范带来的效应。

第三幕：

绿遍青山，人依旧，梦依旧

2011年4月，"全军环保绿化军民融合式发展座谈会"在武汉一个样板营区召开。

■ 绿景苑雕塑·知音隽永

中国人民解放军总后基建营房部副部长高平修少将,率各大军区联勤部基建营房将士130余人参观绿景苑。

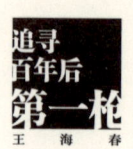

他指着王海春说:"这位老总,也是咱们军营里出来的。人家十多年前就开始搞绿化环保了。这么多先进技术集中在一个小区,把几个第一糅合在一起,你们要好好跟他学习。"

巧得很,样板营区的营房处长恰是王海春当营长时的兵。"你们俩都在武汉搞建设,一个是部队营房建设的样板,一个是地方住宅建设的示范。"高少将说,"你们这个营,出人才啊。"

30多年前,王海春在部队当兵,建造了他的第一个杰作:猪圈。

部队老猪圈漏雨,经常要检修,特别脏。王海春进行改造时,所用的材料是废弃物的再利用,比如水泥是从工程车上扫下的,钢筋是拣的废旧的。

结果改造后的猪圈比战士住的营房还好:窑洞式的猪圈、水泥地坪、钢管栏杆,内面设置水龙头供饲养员冲洗。大家参观后齐声说好,他却差点被认为浪费受处分。部队领导得知真相后,将他改造的猪圈作为了示范项目推广。

1979年,王海春画出他人生第一张施工图纸:3层楼的营房。

他学的工程机械,从没画过建筑施工图纸。部队领导找来几张旧图纸让他照着画,王海春心想:照葫芦画瓢,这很简单。

图纸画出来了,建筑总工哈哈大笑。王海春并没有考虑建筑模数,而是根据一个班的人数计算空间尺寸,房子长、宽、高等技术指标都是非标准的。

在总工指点下,王海春重新修改了设计图纸。8月1日破土动工,4个月后3层楼的营房就竣工入住了。

部队出来的王海春,坚持"要做人,必做事"。

"一次集中做一件事,就像打仗一样,瞄准一个目标一直进攻,攻下来为止。"

当初"咬定康居不放松"如是,坚持做绿色建筑如是,甚至接受记者采访亦如是。

笔者为撰写此文,邀约其几次被拒。原因即是"手头还有他事,需集中处理"。待其相对空下来,果真专门拿出一天,接待采访。

王海春这辈子深刻的记忆,似乎都离不开"房子"。

从部队转业到地方,上世纪90年代他才有了属于自己的第一套房子,也是他从事房地产开发的第一个"杰作"。

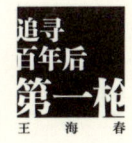

追寻百年后第一枪 王海春

结婚后10多年,岳父、岳母、三个姨妹妹、妻儿和他一家老小8口人,挤在40几平米的小房子里。小夫妻俩住最里间,用楼板隔起来的6平米空间。每晚,他们睡了,一家人才方便梳洗。

这或许是他近乎执拗的"为老百姓盖好房子"的动因之一。

人大代表王海春经常为老百姓发声,也为曾经的自己发声。

"经济房定价不可一刀切。建设不能一味都布局在郊区,交通和配套不足,很多低收入家庭无法居住,经济房选址应适当往城区靠,尽可能方便低收入家庭。"

青山大批苏俄风格"红房子"有50多年的历史,见证了共和国工业化发展进程,如今成了"老房子",面临拆除。王海春建议"适度保留,综合利用"。

"红房子代表了青山那个火热的建设年代,不保留十分可惜。"

5年前,参加市人大会议,他提出房地产调控的八字方针:"强化保障,放开市场。"当时大家都觉得言词过激,回归到现在的轨道,此言不虚。

王海春眼下被政府任为一个片区的"拆迁总指挥",人都说是"炉火上烤"的

■ 绿景苑小品·楚地水车

活，他接下了，也无怨言，反正还是那句话，"把事当事做，把难事当乐事做，把好事当善事做"。

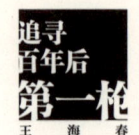

绿景苑后，王海春率领青山城开公司，继续建造一个个绿色家园：港东名居动迁安置房、火炬大厦写字楼、青山广场二期商住楼、十五街危改工程、鼓架山经济园区经济适用房、廉租房、公租房、养老福利院……绿色节能是不变的亮点。

青山火炬大厦，全国首例太阳能幕墙市场运用，利用太阳能幕墙为大厦公共照明供电，打造写字楼低碳地标。

"住宅科技产业将是未来房地产的一个方向，它涉及企业的生存。如果不走这条路，将会在下一轮的房地产洗牌中被淘汰出局。"

王海春一直坚信科技是必经之路。10年前，开发绿景苑时，他就说："节能建筑是一个新的商机，也是未来房地产发展的大趋势。"

时光流转，光环渐退。王海春依旧是一个区属房企的老总，依旧在青山区做绿色好房子。在武汉，提起地产名人、名盘，人们也许早已经忘记了他和他的绿景苑。

他的行动带出的"康居风"和"绿色风"仍在这方乃至更广阔的土地上延续，愈演愈烈。

追寻百年后第一枪
刘国梁

刘国梁变法:
小蓝鲸集团鼎举中国营养餐饮试点记事

文/陈静

除了东部及东南沿海，东北、西北、华北、西南和中部自古饮食重油、辛辣。时下全国有10家上市餐饮企业，都是做火锅的，火锅中最为著名的要属重庆的麻辣火锅，靠麻辣、重油、重香，名扬天下。

"走，今天咱到外面开荤去"、"周末带你下馆子，打牙祭"……

这些话会带来好心情，都在说一件事——吃香喝辣。

油荤是国人对饮食的古老追求，无论笔墨严肃的史料，还是诗文、戏曲、小说之浪漫描述，大量记载了从民间到宫廷，从梁山好汉到流觞墨客的这种偏好。

今日武汉，出了一个小蓝鲸连锁酒店，出了一个刘国梁，决意翻转历史的流向。

此公出身草根，却肩负国家改变中国菜的使命。

做生意，抛散血汗钱挑战亿万人的习惯，谁敢谁死。谁做谁败。

刘国梁做这档子事，也摔过跟头。他坚信"味道没有问题"，问题出在决策的失误上。由于加盟店扩张过快，影响了小蓝鲸品牌的社会美誉度，殃及他自己的10家连锁店一度"败"得只剩3家。

眼看着他这位武汉餐饮协会会长的交椅都快坐不住了。

追寻百年后第一枪　刘国梁

一道菜，一首诗

金樽清酒斗十千，玉盘珍羞直万钱。

艺术品之所以为艺术品，往往非常人之所为。他们燃烧岁月专注一件事物，将其推向前人或许没有达到的境界。

刘国梁用了10多年时间，希望小蓝鲸的每一道菜肴都能做成一首小诗。

"直须看尽洛城花，始共春风容易别"，小蓝鲸的菜谱这样形容一道菜，恰如一行谜面。

其菜品色如白玉，透亮晶莹，形细如针，轻如落雪般装盛在透亮的玻璃器皿中。吃起来清淡甘甜，口感脆嫩，水分饱满，咀嚼之时，口鼻之中清香满溢，但凡品尝过的顾客常当场争论，这究竟是什么，猜错的十之八九。

这道私房菜，叫浇汁白玉梗。

原材料很普通，是一种白菜的茎部，白菜在小蓝鲸签约原料基地种植。就像私家菜园，土壤、水分严格控制，重质不重量。

"我们的每一颗白菜，每一个土豆都能找到长出它们的地方。"小蓝鲸是国内最早做原材料溯源的餐饮公司。

这样的私房菜小蓝鲸研制出近百种，六成经市场检验，受到食客欢迎。

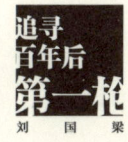

追寻百年后第一枪
刘国梁

浇汁白玉梗在菜谱上的营养分析是：能量431 kcal；蛋白质231.1 g；脂肪131.3 g；碳水化合物90.3 g；膳食纤维1.39 g。每道菜都有"营养分析"。

精确到小数点后两位，多一分嫌肥少一分显瘦。

健康食谱、健康原料、营养分析等一系列餐饮"新法"，奠定了一种资格：2006年，中国烹饪协会、国家发改委公众营养与发展中心做了一件前无古人的事情——进行中国"营养餐厅"试点，试点大旗交给两家。

一家：武汉小蓝鲸健康餐饮管理公司美食广场。

一家：北京顺峰餐饮管理公司顺峰总店。

依托试点，小蓝鲸搭起我国首家"产、学、研"联合探究"餐厅营养学"的实验平台。

刘国梁说，煎、煮、烹、炸、蒸、渍、糟、味、香、色、形、器，中国菜，其流派和谱系之悠远和驳杂，其制作方法之精妙和多变，其选取食材之广大和生猛，举世无双。

问题是绝大多数中餐厅以油荤为主，川菜广销全球就是例证。很多菜起锅前，甚至要浇一勺"白油"，以提其味。中国古代重食疗的保健思想，总是在相对较小的圈子里转悠，难以光大。

■ 浇汁白玉梗

他说，这种情形下，一两家"营养餐饮"试点，不过星星之火。

星星之火，意在燎原。

"三年后，比现在强大几倍！"

试点前的2004年，刘国梁忙着赶场子，有同业者戏称他是"健康餐饮布道者"。

在武汉市委党校，在华中科技大学，在清华大学EMBA课程班，还有其他单位，刘国梁做过20多次知识讲座。他说"这也是培育市场，培养客源"。

课堂上，他摆数据：城里也好，乡下也罢，随着经济增长，中国人脂肪摄入量快速上升，其他营养素摄入量或止步不前，或呈下降趋势。

北京10个成年人中，有6个人超重或肥胖，全国超重肥胖人口高达3亿人。

据全国31个省市38万学生体质与健康调查结果显示，18岁以下的"三高"小患者有20多万人，比多数西欧国家严重得多。

饮食讲科学，营养求平衡。刘国梁说："健康饮食不仅要让胖子吃苗条，也要让营养不良者变丰满。"总之，就是要达到健康的状态。小蓝鲸要把顾客放置在天平上，微调到最合适的那个点。

他断定，中国人重视饮食与健康关系的时代正在到来，表现其一是健康饮食市场上扬。从李一到洪韶光，再到台湾的"地瓜王子"林光常，全国涌现很多向社会宣讲健康的真假营养专家，养生饮食的专题大量以娱乐类电视节目的方式出现，以至于一期以绿豆养身为专题的节目播出后，一些地方绿豆脱销……

"中国的中老年人越来越多，社会步入中老年化，这个年龄层的人健康意识很强，每天以百万计的量在增长。"刘国梁说，人们开始把焦点放在健康而非胃口上，越来越多的人主动追求健康饮食，这是千年难遇的一次转折。

2006年8月至10月，小蓝鲸厨务部分别制作主菜单三套、养生食谱一套、季节菜单一套，收录刘国梁自创的"中国居民膳食平衡要素"、"特色菜肴营养分析点评"、"酒水饮料营养与禁忌"。

"好风凭借力，送我上青天"，熬过"客人流失"、"店面裁撤"的一程程苦旅，2007年，小蓝鲸营业额升至2.1亿元，位居湖北省餐饮龙头。

2008年，一批有实力的本土酒家在汉迅速扩张门店，小蓝鲸按兵不动，继续研制营养健康食谱，扩大能做健康新菜的人马。

当年，刘国梁向媒体说过一句话："三年后，小蓝鲸会比现在强大几倍！"

"三年之约"变为事实：小蓝鲸在全国开店21家，每年的利润都以20%的速度增长。

■ 灵芝扒美味牛排

"2011年我们再开5家店。"

刘国梁说,民意决定一切,说到底,我们不过是早几年起步,早几年变法,磕磕碰碰也没放弃,终于守得云开雾散,迎来中国菜转型的大趋势。

当初,客人、厨师皆不买账

四季养生食谱,是刘国梁根据不同季节人体机能所需营养不同,定期开发的养生菜。

1999年,某天下午,一位大腹便便的男子走进小蓝鲸,"今天我满请,谁哪个莫跟我争。"

"冇得问题,我们只当是太阳从西边出来。"身后跟着的三位,哄笑附和着这位"胖哥"。

点餐时,服务员走到跟前:"下午好,今天正好立秋,四季养生之秋季,我们应以养肺为主,应该减少辛辣食物,以白色食物为主……"

"白色食物？你是要我们吃萝卜豆腐？我今天请兄弟几个吃饭，莫搞得我冇得面子。赶这店里好的上，味重点儿啊，不辣不把钱。"

和"胖哥"一样坚持"重口味"的客户，每天都会遇到很多。

刘国梁说："我没打算一推出营养健康菜肴就大受欢迎，消费者接受得有个过程，不光消费者，就算厨师，早期也难以适应。"

在小蓝鲸待了十几年的老厨师回忆当初，有好些厨师刚学了一副好手艺，到了小蓝鲸都得改。

"我做了这么多年的菜，现在你不让我们放油了，菜不好吃又不好看，还让我们变换烹饪顺序，增加了烹饪工序，要疯也不是这样疯法"。好多厨师抱怨，甚至觉得刘国梁"难伺候"，有人甩手不干了。

营养菜、健康菜，也要人爱吃才行。

刘国梁借取著名的衰家菜以汤见长技法，研制成小蓝鲸的私家汤汁。汤汁又分清汤、金汤、奶汤、浓汤四大类别，每类汤汁的属性不同，运用范围大不相同，主要是以汤代油。

■ 大王梅菜海参

制作汤汁不用味精、鸡精等鲜味添加剂,结合山珍,或鲍、参、翅、牡、蛤一类的有机原料,细火慢熬,浓缩成汤,烹饪菜肴,以汤代油,不破坏原材料本身营养,力争"三低三高",即低糖、低盐、低脂肪、高纤维素、高维生素、高胶原蛋白。

汤汁和油的属性不同,以汤代油,菜肴如何方能色泽美、口感佳,一再试验,一再调整烹饪技法与程式,小蓝鲸人慢慢有了心得,"汤炒、汤炖、汤熘、汤烧"渐有口碑。

如今"立秋",服务员还会跟你讲秋季食补知识。不同的是,众多食客主动选择营养健康菜肴。

除了好吃,刘国梁还讲究好看。

书法家、画家请进了厨房,手把手向厨师传授中国书画,将多彩的汤汁、酱料以书画的形式展现在饮食中。

搭配好,才能吃得好

寻常一天,两位外地大学生到小蓝鲸吃饭,穿制服的李娟帮忙点餐,她胸前挂着"营养点菜师"胸牌。

"听说你们主打健康菜,能推荐一下吗?"

"好的。夏季补心,按食物五行补五脏的说法,当下宜食用红色养心食物,能预防感冒,能补血。红色食物有胡萝卜、番茄、牛肉、羊肉等。两个人吃饭不宜点多,我们的菜有例份,分量比整份的要少,价格也优惠。"

"你帮我们出主意好了。"

"那就一人一份中国式牛排,11分熟,搭配一份酸辣土豆丝……"

"酸辣土豆丝?"

"牛肉含蛋白质较高,具有健脾养胃,强筋壮骨之功,而俗称'地下苹果'的土豆,能使牛肉的营养更易被吸收。我们董事长刘国梁请客人吃牛肉,必定会搭配一盘土豆丝。"

请客吃饭就吃土豆丝?

李娟笑笑:请客吃饭要有品位,送健康最有品位。

有人后来印证此事,刘国梁哈哈一笑:当年赫鲁晓夫有句名言,共产主义是土豆烧牛肉,先不管意识形态,单说营养学,他还是对的。

在小蓝鲸,不是随便哪个都能挂上"营养点菜师"胸牌,点餐你得懂搭配。

食材搭配分相克、相容、相冲三种效果,你得熟悉各类食材搭配产生的效果,熟

■ 鸽蛋活鲍鱼

悉各时节人体所需摄入的营养成分，避免顾客点到相克、相冲的菜肴与餐点。

饭局中饮酒也颇有讲究，不同的酒分别在餐前、餐中、餐后饮，不仅能让人品尝到酒的美味，还能提升菜肴的鲜美度。

早在1996年，刘国梁联合武汉军事经济学院，研制了"电脑配餐"软件、设备，国内率先尝试营养搭配菜肴。

"中国的食品现在马上要标注胆固醇含量、蛋白质含量了，向消费者明晰营养成分的做法将来还会普及，这个大方向一明确，对我们的努力是极大的肯定。"

酒店业经营惯例也可以颠覆，不让顾客空腹饮酒，不让顾客乱点菜，不让顾客多点菜，这一招看似削减销售额，却赢得回头客。

健康饮食变法，攻的是人们的"嘴"，刘国梁认为"攻嘴先攻心"。

电脑配餐、营养点餐师，沿用至今，历时数十年。

"变"的故事有前传

"请客吃饭，大鱼大肉"，这种观念与漫长的小农经济，物品短缺时代有关。

上世纪80年代，"下馆子"还是中国人的奢侈事，开餐馆的少，服务质量差，一到饭点儿，馆子里顾客爆满，从点菜到上第一道菜，往往要等上三四十分钟。

即便是这样，顾客还愿意等，到哪家馆子都得这么等。生产能力不能满足消费能力：从买菜、洗菜、切配菜、炒菜到上菜就靠一两个人。

和大多数餐馆一样，1983年，刘国梁的"小南京"餐馆起灶，一人身兼数职：采

购、切菜、配菜、掌勺、上菜、收桌子、洗盘子……

他烧得一手好菜,出手又特快,"小南京"日见回头客。

现在都说做菜是技术活,那时做的是体力活,谁动作快、能吃苦,谁家客人就多。

"小南京"有7张桌子,生意就是饭点儿那一阵,刘国梁分秒不间断地做,一个中午最多做7桌人的生意,客人再多也只能眼巴巴看着。

"我还年轻,还能这么拼命,但总会有体力不支的时候。"

受一家铝业加工厂流水作业启发,刘国梁开始"厨房改良":请来一帮亲友上阵,把买菜、洗菜、切菜、配菜与炒菜分离,自己仅负责炒菜,上菜速度提高一倍,生意好的日子,顾客打包带走的白切鸡就有四五十份。

1992年,位于建设大道武汉电视台对面的"小南京"扩建,点餐后5分钟能上菜,刘国梁专注烹饪,严格把关菜肴的色香味。

上菜快、分量足、味道好,"小南京"名声大噪,日营业额达几万元。

"那个时候有谁一天能见这么多钱?没有'厨房改良',人累死也不行。"

■ 刘国梁和易中天

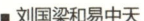

"快刀"绝活抵不过电脑速递

滚烫的开水倒进盆儿,刘国梁左手反绑鸡的双翅,将鸡头往后别,右手抄刀,刀起刀落,只见鸡腿一伸,一股热血如柱般倾泻碗中,前后不到十秒钟,接着捉住鸡腿,在开水中辗转翻滚几次,两手开工,拔去鸡毛,最后撸去鸡爪上的厚皮,开膛破肚,一会儿工夫,一只活鸡变戏法似的变成了待下锅的鸡块。

不到20分钟,就端上了桌面,动作敏捷的刘国梁在滚烫的开水中去鸡毛时,甚至都不会烫到手,这把"快刀"的绝活一时成为同行口中的经典。

有人称他"三头六臂",7张桌子一个中午能翻台三四回,一些年轻的红案师傅慕名取经。

7张台子从点餐到上第一道菜,需要等5分钟,那么70张台子呢?"快刀"只是个开头。

1997年,"小南京"更名为小蓝鲸。

今日小蓝鲸,一个厨房,十几位厨师,每人只负责烧一两个拿手菜,点菜信息通过电脑联网从餐桌直通厨房,经过梳理分达厨师,短短十几分钟,满满一桌十几道菜就能送到顾客面前。

想吃是盲目的,该吃是科学的

如果我们能够像帕斯杰里纳克书中所形容的中国饮食那样,多吃粗粮豆类,多吃蔬菜水果,少过油,多蒸煮,挖掘和体会清淡食物中的精致和美味,只是偶尔享受浓味美食的快乐,那么,全民族的肥胖率和三高率一定可以大大下降。

事实上,走出每人每月4两油的计划经济时代后,人们饮食以口感、味道为第一目标,乐于每日精米白面、鱼肉成盘,背离了以素为主、食物多样、少油清淡的健康烹调方式。

外国人吃到正宗的中国菜赞不绝口,殊不知,其无论是烹饪方式还是营养摄取,都存在不健康因素。

在欧美,中国菜常诟病于此。

想吃是盲目的,该吃是科学的。

"食物没错,人会吃错,这就好比药本身没错,吃错药就麻烦大了。"人们想吃的不一定是该吃的,饮食需要引导,人才能健康。

刘国梁现在追求的是科学健康的"该吃",有意思的是,他首先发动的竟是"想吃革命"。

追寻百年后
第一枪
刘国梁

　　计划经济年代,产供销的模式几乎渗透到众多经营者的血液里,基本逻辑是:掏钱的是消费者,而掏钱者没有选择权,生产什么,生产多少,什么时候生产,怎么生产都由生产者说了算。

　　菜不一定对胃口,而且色香味参差不齐,一般来说同一道菜,上午炒可能是一种口味,下午炒很可能又变成另一种口味。

　　供不应求,没人关心顾客爱吃什么,馆子不愁没生意,"小南京"更不愁。

　　"计划经济将逐步终结,市场局面迟早逆转",刘国梁未雨绸缪:悉心研究什么是受顾客欢迎的"好菜",抓好原料供应,炒什么菜,如何定价,皆由"销"说了算。

　　刘国梁成立武汉首家"菜肴研究所",不断推出新品,跳出餐饮同质化怪圈。

■ 陈坤在小蓝鲸美食广场店进餐,并与营业经理合影

接下来要革"想吃"的命

消费者的声音受到空前的重视,市面上,口味、菜色、环境等软硬件落后的餐厅均将被淘汰。

在省内其他地方打武汉牌,做武汉知名酒店的特色精品菜。在省外打"湖北牌",把全省各地州的菜搬到省外,体现荆楚风味。

武汉小蓝鲸连锁店实现"错位"经营,一店一风格。

这种国内首创模式叫做"多品牌差异化连锁",即根据不同的地域特点,在统一品牌之下,实现菜肴的本地化和差异化。

"我们将杂技厅店确立山味特色,以'野菜、野味、野菌'为主打,非常受欢迎,山珍特色店效益逐年攀升。"这让刘国梁很欣慰。

迎合消费者的胃口,满足市场需求,成就了刘国梁,如今,自己打下的"江山"又被自己推翻了:开始是"想吃"革命,接下来要革"想吃"的命。

"很多同行和我们想到一块儿,都依靠迎合人们'想吃'做市场,这往后,越来越重视饮食健康的消费者,不会满足于'想吃'。"

蒜苗炒腊肉怎么炒

"没有现成的教科书,没有可追溯的先例,所有菜色都要在原有的基础上重新开发,医食同源,我研究了《黄帝内经》、《本草纲目》,又从国外饮食营养研究成果里去摸索,结合中国饮食的口味去再创造。"刘国梁说,只有这样,小蓝鲸才能做出一本中国健康餐饮教科书,使小蓝鲸的菜肴成为一种时尚、一种知识、一种文化。

营养健康餐饮,说多了会觉得只是餐饮业惯用的噱头,一种推广的手段。

刘国梁很少说。他认为脚踏实地更重要,时间会冲走泡沫。

改进菜肴,除了在烹饪与搭配上下功夫,还得把好原材料这一关。

小蓝鲸是全国最早做原材料溯源的餐厅之一,很多果蔬是别家饭店有钱都没办法弄到的"私家菜"。

刘国梁向食客介绍:"进入小蓝鲸的每种原材料都有采购合同,每个菜园、果园我们都实地考察,我们要求材料都是没污染的,都是按合同上的标准去种、去养殖的,这样才能保证我们的每道菜的营养成分达到'小蓝鲸标准'。"

刘国梁还只有7张台子时就深知原料质量的重要性,小蓝鲸人都知道这样一个故事:

一人单干,刘国梁每天起早摸黑,只睡几个小时。他的鱼烧得好,卖得俏,但本

地鱼没有洪湖的鲜嫩,虽无大碍,他仍坚持骑摩托车到200公里外的洪湖采购鲜鱼。

今日小蓝鲸有道经过改良的古菜"清蒸鲥鱼",托盘上桌,鱼身银白,肥嫩鲜美,爽口而不腻。食时,若再蘸以镇江香醋和姜末,更是别有风味。此菜为江南三味之一。

此鱼体形稍扁而长,一尺许者为佳,是中国名贵鱼种之一。

鲥鱼娇嫩,离水即死,康熙皇帝,曾下令从扬子江"飞递时鲜,以供上御"。

鲥鱼人工养殖不易,市面上几乎绝迹,小蓝鲸偏偏有这道菜,问其出处,服务员多半笑而不答。

鲥鱼触网便一动不动,人们说它爱惜鱼鳞,所以苏东坡又称它为"惜鳞鱼"。

刘国梁研究过,此鳞味美且滋补,小蓝鲸的"清蒸鲥鱼"便不去鳞。

他还劝过客人,食鱼而尽,其蒸鱼溢出的汤汁,浇在一小钵米饭上,又是一种美食,营养上好。

"小蓝鲸"有一条规定:顾客提出菜不好吃,刘国梁免费返工,直到顾客满意为止。

"现成的生意都做不完,还给自己招麻烦,真是疯子。"当初有同行这么评价。

如果原料不好,影响到烹饪、搭配、色香味形,他是没有胆量做这般承诺的。

刘国梁对原材料的要求,近乎"癖态",经常"微服私访"去"小蓝鲸"各分店"消费",挑毛病。

今年入春某天中午,他以普通顾客的身份点了一道蒜苗烧腊肉,菜一上,他看到

■ 清蒸鲥鱼

■小蓝鲸咸宁店夜景

■ 小蓝鲸咸宁店接待前台

■ 小蓝鲸咸宁店收银台

大部分蒜苗都是青色的,就将主厨叫过来。

"这个季节的蒜苗炒腊肉要用蒜苗白,蒜苗白配腊肉的口感更鲜脆,比蒜苗青更养人。"刘国梁就是这么"计较"。

事情从救自己身体、救父母身体开始

比起第一代出来做餐饮的那批人,刘国梁早就赚够了,他为什么要一直追求营养健康饮食?

1966年,刘国梁出生在武汉市郊区乡镇的一间满是裂缝的土坯房里,他读书用功,对数字非常敏感。直到现在,刘国梁不用电话簿,几乎所有的电话号码,都凭记忆脱口而出。

家里实在供不起他继续上高中,就把他送到附近镇上学炸油条。在街口摆上一口大油锅,炸一辈子油条——对贫困的农村孩子来说,命运似乎就注定了。

一次意外让刘国梁平生第一次踏出了小镇。

家徒四壁的泥坯老屋,已住了几代人,这一年终于撑不下去了,木梁腐烂断裂,无法住人。重新修整需1300元,为了修房钱,他只好进城打工。

刘国梁在镇上学了白案,炸过油条,亲戚把他介绍来到汉口一家小餐馆,学做红

■ 武昌八一路小蓝鲸湖北会馆外夜景

案。刚18岁，瘦弱的刘国梁在密不透风的厨房，一人负责红、白两案，好几次，晕倒在炉子前。

两年过去他终于攒到了几千元血汗钱，够修整房屋了。此时的刘国梁，已不愿意回到贫苦的乡村了。

他下定决心，拿出这些钱开了家小餐馆"小南京"。开"小南京"不久后出了事。

"刘国梁，你怎么了？快醒醒……"这是刘国梁听到的最后一句话，之后醒过来已经躺在了医院的病床上。

头顶的吊瓶亮得晃眼，他迷迷糊糊地听到医生与家人的对话，"他这是劳累过度，身体虚脱休克了"，"这孩子精瘦，严重营养不良，需要好好调理一段时间"。

那年，刘国梁20岁，躺在病床上连手都抬不起来。

刘国梁笑谈："如果还能看到20岁的我，你们一定会吓一跳，简直就是个小老头。"

刘国梁有两个身份证，一个现在的，一个10年前的，现在身份证上的登记照明显比十年前的年轻。他说，这是健康餐饮的结果。

刘国梁父母身体一直不好，患有糖尿病、高血压、冠心病等，刘国梁将食疗结合中医疗法，为他们安排一日三餐，坚持数年，父母一身的毛病居然奇迹般的康复。

救自己的身体，救父母的身体，刘国梁浸润于中外饮食医疗书籍，与专家学者交流探讨，为国人健康作出贡献的念头一天天强烈起来，直到拿下中国餐饮改革试点，直到沿着这一轨迹步步前行。

天下餐厅，中式餐馆的总量，肯定是全球第一。

他相信，中国餐饮营养革命，久蓄必发。

领跑者，行天下。

小蓝鲸变法折射的是社会变迁，催动的是一批又一批追随者。

延伸阅读

时光之轮上的餐盘
饮食变迁的喜剧与悲剧

文/李晓彤

如果只看到"舌头",你会以为这些故事和言辞有关。正如我们所知道的,在历史之轮转动的时候,"言辞"往往成为最为显眼的推动者和见证者。可是,人们经常忽视舌头的另一个,可能是更重要的功能:品尝饮食的味道。虽然我们的舌头和几万年前的祖先在结构上并没有太大的差异,但其间所见证的饮食变迁以及其背后的种种沧海桑田,其浩瀚与庞杂远远超过了任何人的想象。

喜剧:羽毛的故事

近十几年来,"野生"成为许多鱼类肉类甚至是蔬果类的高贵标签。基本上,任何一道菜如果带上了"野生XXX"的名号,不论味道如何,价格都要比人工养殖的贵出一大截。

很多人都有过这样的经历:到小城镇去走亲访友,他们会非常热情地用"山猪肉"、"野生山鸡"或是"沟里捉的鳝鱼"之类简单而美味的特色菜款待你——这不是很有面子吗?对于野生食物的这种推崇,无疑,一方面来自环境污染和人工饲养中许多令人讨厌的添加剂之类,尤其考虑绝大多数食客并没有足够的知识去分辨各种添

追寻
百年后
第一枪
饮食变迁

加剂究竟问题何在。"野生"这个概念由此被迅速传播开来，食用"野生"会让食客有一种"健康"和"放心"的感觉——这就完全与食品安全无关。

"野生和家养的食物哪个更好"，在不同的国家，不同的时代，经历过无数此起彼伏。曾有那么一件小事，由于对食物的判断标准不同而改变了历史的进程。

那是在1531年，距哥伦布发现美洲，已经过了40年。当时，欧洲的很多混混都梦想着去那个传说中"遍地黄金"的美洲发一笔横财。弗朗西斯科·皮萨罗和这些人中的大多数并无二致：没啥文化，也不虔诚，懂点武功，懂点航海，懂点生意经，驾着几条破船就奔西而去。

经过长途跋涉，他们一行169人在美洲的秘鲁上岸时，很自然的，营养不良、臭气熏天，衣衫褴褛。那时，秘鲁叫印加帝国，立国已数千年，跟欧洲国家相比，堪称大国。皮萨罗自然不知道那么细，带着人马，心怀不轨，一路直奔印加帝国首都而去。

从西班牙人上岸的海边到库斯科还有点路程。途中的诸多村镇看着这一群人不似善类，自然是酒肉摆出，好让他们吃饱了走人。沿途一路吃下来，皮萨罗发现了一件蹊跷的事情：虽然途中山林密布，但村镇们送上的食物里，主菜全是鸡鸭家禽，并无野味。

当时在欧洲，野味，如鹿肉、野猪肉被视为贵族甚至是国王才配享用的美食。欧洲王公贵族大多喜欢打猎，每次打猎，必然大张旗鼓，犹如节庆，又似战阵。打到了猎物大家按照严格的规定来分割，极具古风。因此，打野味，吃野味，被视为英雄气概与骑士精神的一种体现。不擅打猎的贵族，往往被大家轻视和嘲笑。

一路的鸡鸭吃下来，皮萨罗心中暗暗得出一个结论：这个国家的人不吃野味，不擅狩猎，多半缺乏尚武精神，不足为惧。他跟自己的一些手下说了这个观点，大家都将信将疑，劝他不要掉以轻心。

其实，他这个判断完全错了。

印加帝国山地众多，猎手技艺极精，尤其喜欢用猎物的羽毛装饰自己。不过，当时的印加人认为，需要自己动手辛苦去打来的野味，更适合给穷人打牙祭。高贵的大爷们一定要吃由人精心饲养长大的动物，尤其是家禽，胜过野鸟百倍。看到西班牙人远道而来，他们自然是拿出了自己认为最好的东西。

后来的事情曾经被许多史学家大书特书：皮萨罗一行到了首都附近，印加皇帝阿塔瓦尔帕为显示威武，点起8万大军，布阵于卡哈马卡，众多帐篷犹如一座城市。1532年11月16日中午，在8万名佩戴着五彩羽毛头饰的印加士兵齐声高歌中，皇帝被簇拥着抬入广场。印加人虽然科技落后，武器不过是青铜刀斧，但是人数实在太多，战

49

歌吓得不少西班牙人尿了裤子。皮萨罗与一名神父上前，为皇帝献上一本《圣经》，并通过翻译要求皇帝皈依基督教。皇帝接过书翻看了一下，觉得并无非凡之处，于是以他一贯的傲慢姿态随手把书往地上一丢。那意思就是：没兴趣。

在接下来的那一刻里，皮萨罗的举动完全不像一个理智正常的人了——他向自己的手下高喊："基督徒们，冲过去！冲过去！那个暴君胆敢亵渎《圣经》！"

面对全然陌生的对手，被淹没在对方的人海中，他发动攻击的勇气从何而来？

绝不是因为他们有枪。那年头的枪，打一发子弹，重新上膛得要一分钟，还没弓箭好用。

也绝不是因为他们有马。几十匹马在几万人里面看都看不见。

或许是印加士兵身上的羽毛装饰让他想起一路上吃过的家禽，想起了那个关于野味与家禽的错误判断？

169名西班牙人就这样开始向密布广场的8万印加士兵发动了冲锋。由于队列过于密集，印加的士兵无法发挥人数优势，反而被西班牙的60几名骑兵冲得阵脚大乱，自相践踏。到那场短暂的战事结束时，印加人阵亡7000——绝大多数是被自己人踩死的，皇帝被俘，印加帝国灭亡的序幕拉开了。

而这一切，或许都开始于皮萨罗对于食物优劣的理解。

有趣的是，在皮萨罗之后过了大约两个世纪，欧洲人对食物的理解已经完全翻转了过来。经历过农业革命和畜牧业蓬勃发展之后，从老百姓到王公贵族都已渐渐淡忘昔日策马狩猎，篝火烤肉的场面，变得更为讲求食物的精雕细琢。18世纪欧洲的烹饪专著中，有这样的话语：

"……毫无疑问的，食用人工饲养的牲畜，比食用野味更为有益于人体的健康……白肉（禽类）尤佳。"

悲剧：失踪的生鱼

在中国历史上的饮食文化变迁中，没有什么比生鱼片的消亡来得更突然和更令人痛心的了。整件事情是一场彻头彻尾的惨剧和人祸——而且几乎被人遗忘。时至今日，世界上大部分人，甚至包括大部分中国人，都认为生鱼片——刺身是日本特色的料理。只有少数对饮食变迁有了解的人才知道，日本的生鱼片只是中国生鱼传统的一个支流，而且远远没有达到中国生鱼片曾经到达的高度。

中国早于周朝就已有吃生鱼片（鱼脍）的记载，最早可追溯至公元前823年。大将尹吉甫私宴张仲及其他友人，主菜是烧甲鱼加生鲤鱼片。《诗经·小雅·六月》记载

了这件事："饮御诸友，炰鳖脍鲤"，"脍鲤"就是生鲤鱼。秦汉之后，牛、羊等家畜和野兽的脍渐少见，脍通常都是鱼脍。鱼脍在古代是很普遍的食品，东汉应劭的《风俗通义》收录了各地的风俗习惯和奇人奇事，其中一条是："祝阿（山东齐河县）不食生鱼"。显然，应劭认为不食生鱼是奇风异俗。祝阿人这个习俗一直坚持到隋朝，在《隋书》中亦有记载。

唐宋是食用生鱼片的高峰期，有不少诗词反映鱼脍的流行程度。李白、王维、王昌龄、白居易都曾在诗歌中提到生鱼片，而苏轼与陆游现存的与鱼脍有关的诗词就分别有13首和37首之多。如果看过《射雕英雄传》，应该记得，金庸曾经提到过洪七公冒死也要去御厨偷吃的"鸳鸯五珍脍"———道典型的宋代生鱼片菜名。

不过，生鱼片这种在中国原本极为普遍极为受人喜爱的食物，到了元代突然变成了罕见的珍稀美食。元代正式文献中唯一提到了生鱼片的是蒙古太医忽思慧的《饮膳正要·聚珍异馔》，其中提到的做法已经跟此前的风格有了很大区别。虽然主料依然是生鲤鱼片，但使用了大量熟食作为辅料。更晚一些，到了明代，只有刘伯温和李时珍这样的绝世高人对生鱼片才知道个究竟。他们两个都非常认真地把生鱼片的制作方法写进自己的书中，好像巫师努力留下一个重要的魔法药剂配方。而在明代大量的长篇小说中，提到生鱼片的非常非常少，显然在当时的社会生活里，生鱼片已经不是一件寻常事了。

后来的故事大家都知道了：日本人保持了他们从唐代就开始的生鱼美食习俗，直至今日，成为生鱼片唯一的代表。

发生了什么？

如果仔细追究宋元之间所发生的事情，结论或许非常可怕：生鱼片在中国的几近消亡，与宋元战争中蒙古人不择手段的生物战有些联系。

或许我们可以先把时间往前倒回2000年。在公元前119年，汉朝名将霍去病率领中国史上空前也几乎是绝后的庞大骑兵部队，北击匈奴，大获全胜。公元前117年，在追击残敌的过程中，年仅24岁的霍去病突然于军中病逝——传说是中了匈奴人的诅咒。

史书上详细地记载了匈奴的诅咒方式：将许多死者堆在一起，埋在水源附近，做法行咒。有现代医学知识的人很快就可以看出，这实际上是在用尸体产生的细菌来污染水源。

早在公元前，看似落后的草原民族就已经掌握了这种生物战的方法。而在匈奴人之后的1000多年的蒙古人手上，这种方法更是发挥到了淋漓尽致。

蒙古人以骑兵制胜。可是，到了南方的水乡地带，大队骑兵行动受阻，攻击往往不利。此外,早期宋元战争中的蒙古人缺少攻城器械,面对坚城往往束手无策。这个时候,用尸体污染水源的战术,就派上了用场。记载宋元之交战乱的民间史籍上,"死者塞藉井穴"、"死者塞流"一类的说法时常出现。大部分人都只看到了战乱的残酷和死伤的惨重,并没有多少人想到背后更为险恶的一层——那些死者并不是被草草丢入水井里,而是被有预谋地用来污染井水或者较小的溪流。

在这样一个水源被细菌污染事件时常出现的时期里,连饮水的安全都很难确认,鱼类肉质的安全与否,更是可想而知。

为生存计,许多人放弃了吃鱼,即便要吃,也一定选择彻底烹饪的方式——此前,在生鱼片之外,烤鱼也一直是中国人很喜欢的食物,几乎和生鱼片一样古老。可以想象,同样是在这个危险的年代,"烤鱼"这种有可能不够彻底的烹饪方式,被烧鱼、煮鱼挤到了边缘位置。

一种曾在中国饮食史上留下光辉印记的食物,就在这短短的几十年间几乎销声匿迹了。如果不是日本人保存下了生鱼片文化,今天的中国人,大概会把生鱼片看成类似"裹小脚"、"指腹为婚"一类的古代奇风异俗。我们毕竟还能吃到生鱼片,日式的也好,岭南的古风留存也好。相比那一时代的欧洲,中国已经非常幸运——中国人在生物战中失去的只是生鱼片,而欧洲因为蒙古人的生物战失去了三分之一的人口。

追寻百年后第一枪
武汉万科物业

武汉万科物业：
让居者回归社区幸福

文/向丹 倪云

我们可以从一张橡树卡说起。

橡树是大自然的生命赞歌，长寿且生命力旺盛，寓意长久的幸福。

文婆婆家住武汉万科四季花城，儿女均在外地。兔年春节，儿子为她办了一张橡树卡，婆婆的生活一下方便了很多：买米、买油、买奶，一个电话，与万科合作的中粮就送货上门；身体不舒服，24小时可以电话或者当面咨询专家；万科的工作人员随叫随到，上门打扫，还全程陪同接送她去医院做体检。

再来说说万淘淘乐园。

万淘淘不是一个小朋友，也不一定姓万。只要是万科社区的小朋友，都可以是万淘淘。他们的乐园里，有影音室、跳操房、陶艺吧、琴房、四点半学堂、书吧、多功能室、国学、理财、避险求生、儿童游戏、游泳、冬夏令营游学……万淘淘们在此淘安全淘安心、淘童趣淘友谊、淘文化淘修养、淘自立淘技能。

乐园里的四点半学堂，专为父母不方便接送其放学的"淘淘们"准备。小区统一把小朋友们从幼儿园接回来，在乐园里嬉耍、读书，直至爸爸妈妈来领回家。

文婆婆和万淘淘不是个案，也不是心血来潮。

2011年，一个系统的幸福物业服务体系在武汉奏响序曲。"幸福万科·幸福社区"系列蓝图渐次展开。

一位专家言：幸福物业，实则第二物业。

"第一物业"为基于市场关系和国家标准，解决居住问题的服务体系。

"第二物业"满足人居住以外所有生活需求，比如医疗、保健、购物、家政、娱乐、旅游、教育等等，按照半市场化、半社会和居民自助方式，提供当下中国社区物业以及在人们常识与意识中没有的系统服务。

两种物业各成体系，同步运行，共同指向幸福，让住户安居、乐居。

"果能践行，不止是万科物业的一次重大刷新。数年之内，享民乐民，何止万千，推而广之，泽被中华"。

武汉万科14小区，3万家庭，幸福向前冲：老有所依，幼有所乐，黄发垂髫，男女老少，怡然得享新物业。

"第一不能丢自行车，第二要绿草如茵，第三要整洁干净，地上不能有纸屑。"

这是王石最初对万科物业的要求。

2011年3月,武汉万科物业幸福社区服务体系正式诞生,已囊括物业基础服务、社区配套客户服务、商家联盟、客户组织、文化活动5个层次30个类别数百项服务,为"幸福"做出注脚。

会所服务、家政服务、房屋中介服务、代办服务、团购服务、老年社团、主题社区文化活动等项目,运行多年。

长者服务、少儿教育、垃圾分类、社区邮局,稳步推进。

部分正在筹划之中,如太太俱乐部。

与万科常规物业服务不同,幸福物业服务体系的运行,依赖专业队伍和志愿者这两种团队。

志愿者团队中,既有社区志愿者,亦有社会志愿者;既有青少年,也有那些身体好、热心公益的退休医生、公务员、政法人员、教师、厨师、文艺工作者、金融工作者、懂电脑懂电器的技术人员,以及其他有一技之长人员。

在这两支队伍中,将会产生一些新鲜岗位和新名词,如社区导购员、家政办事员、家艺辅导员、社区文化与社交协助员,社区法律与理财咨询员等等。

■ 小区里,邻里几位老人乐呵呵下棋。

【长者服务：老吾老以及人之老】

"空巢老人越来越多，每个小区都有专人统计和跟进他们的生活情况。老人不会电脑，无法与身在外地的子女即时沟通，物业人员就协助'代聊'、'陪聊'"。

文中开头的文婆婆所住四季花城是武汉万科长者居住最多的社区，长者入住户数占小区的34%，老年人的人数比例占小区人数的23%，远远超过了联合国关于老龄化10%的占比标准。

2011年6月25日，作为武汉万科物业长者服务首个试点，四季花城会所广场迎来"第一届敬长公益日"，300多名老人参加了活动。自愿者招募报名点排起了长队，当天加入的20名敬长志愿者宣誓：秉承中华敬老传统，为长者乐享幸福社区生活尽自己的一份力量。

志愿者们为老人免费磨刀、免费理发，专业医生坐镇为老人提供健康咨询免费体验，小朋友们倾情演绎歌曲送祝福。55岁以上的长者都收到了小区物业精心准备的丰富礼品。

爷爷奶奶们报以乐呵呵的笑容与活跃表演，长者合唱团的《小小杜鹃》和《咏梅》、老年舞蹈队的时装秀、陈明老人的独唱《唱支山歌给党听》、金伟民先生的《告别大别山》，精彩迭起、歌声、微笑、掌声不断。

第二届"敬长公益日"，小区物业聘请中医老专家为长者讲解夏季养生知识，为志愿者颁发《敬长服务手册》，并为长者建立个人健康档案。

"敬长公益日"每月举行，已经举办了3届，越做越细。8月，志愿者教老年人养生健身体操、入户与长者共欢乐。几位家庭主妇走进丁香苑、水仙苑，与孤寡老人一起包饺子、谈论养花种草之道，老人们笑容很明亮。

以"敬老"为主题的其它活动一一展开，如社区义工为空巢老人做家务、老年基础体检进社区等。专用的敬老场所和设施也在规划配置中，四季花城会所将变身首家长者学堂，功能上充分满足老人文康娱乐的需求，真正实现老有所学、老有所成、老有所乐。

7月，四季花城小区请来万科集团老龄研究小组，一起商讨长者服务课题，共同研究新形势下如何在小区内推行社区居家养老这种集合了传统家庭养老和机构养老优点的新型养老模式，最终达成建设实施方案。

此前，早在1月份，万科就已推出"幸福·橡树卡"长者服务，由万科物业携手平安保险、爱康国宾、中粮、蒙牛等各行业优秀品牌为老人量身定做，自成体系，惠及社区长者。

橡树卡包括四大服务内容：老年业主居家服务、老年人专项保险、老年人专项体检和为老年业主配送米奶油等生活必需品。

专项保险涉及市面上罕有的针对骨折、烫伤等意外的高龄、高保额的保险，仅为万科业主独享，万科物业跟进理赔全程。

【少儿教育：像花儿一样幸福成长】

在武汉万科任意一个小区漫步，总能见到大大小小的"淘淘"们，从手中抱的、坐推车里冲你笑的小肉团子到跌跌撞撞学走路、咿咿呀呀学说话的毛头娃娃，再到会跟你淘跟你耍的小萝莉小正太，祖国的花朵们、祖国的未来感情都在小区里自由生长呢。

转眼间，80后们渐为人父人母。一面疯狂怀念儿时童年的美好乐趣，一面担忧自己的下一代是否要成为标准的"电视人"、"电脑人"，只能在繁华的都市水泥森林与成人化的电子游戏间成长么？

7月，为丰富万科小朋友们的暑假生活，万科物业联合新航道教育集团打造国际英语夏令营活动。

■ 2011年7月，武汉万科"万淘淘乐园"，小朋友进行陶艺制作。

启动仪式上，参观、冷餐、游戏、尖叫，大小朋友欢笑不断。来自加拿大的Kevin老师亲授口语，和小学员精彩互动。

8月14日，一场以"陶艺"为主题的手工DIY活动在万科红郡会所举行，26组家庭、五六十余人参加。专业指导人员亲临现场，教授陶艺相关的制作工艺与技巧。

小朋友们创作了一系列造型独特、富有喜感的陶艺作品。还有不少"老小孩"，一起玩得不亦乐乎。五颜六色的卡通陶娃娃，均出自他们之手。

9月，万淘淘乐园正式对外开放，借鉴香港青少年空间的思路和模式，提供"全人教育"载体和平台。这是首家为万科社区业主定制少儿教育服务的机构，位于万科在武昌的一个小区会所，场地约850平方米。

据调查，位于光谷的3个万科小区，规划设计1.2万户，目前已入住约5000户，其中少儿约1500人。77%的家长表示，小区应有自己的特色少儿教育服务。

"万淘淘乐园"里，笔者看到很多充满童趣的装饰细节，从色彩到精心准备的玩具到特色的陶艺吧，十足一个快乐天地，几个小娃娃玩得很兴起，甚至"乐不思家"。

"记得当时年纪小，我爱谈天你爱笑。风在树梢鸟在叫，不知怎么睡着了，梦里花落知多少。"

80后的童年渐行渐远，已不能重来，但住在万科社区的他们有机会和孩子一起重温旧梦。

"我们准备了一些老童谣，一些经典动画片如《葫芦兄弟》、《蓝精灵》、《聪明的一休》、《多啦A梦》，还有一些'消失'的游戏，扔沙包、打弹珠、跳房子等等。"

"一来，让小朋友们玩父辈玩过的游戏，看父辈们喜欢的经典影像，是一种文化传承和延续。二来，家长和孩子一起重温童年，亲子关系更密切。"

【太太俱乐部：邻里同道，其乐融融】

主妇我最大。有统计表明，在日本志愿者队伍中，主妇所占人数比例最多。甚至有人说：家庭主妇是推动日本社会变革的重要力量。

生活俱乐部是1965年成立的一个民间非营利团体，创立之初仅有200人，基本上是家庭主妇。经过40多年风风雨雨，以主妇为核心的该俱乐部活动范围已覆盖日本20多个都道县，会员人数达30多万。

主妇们在社区内自发进行互助式服务：步行拉力赛、跳蚤市场、岁末捣制年糕，

食品材料与烹调的说明会、料理讲习会、断乳食谱讲座、暑假儿童料理和父亲料理讲座等。她们还组织会员们参观生产厂家,尝试制造食品,与生产方零距离对话。

就是这群家庭主妇,在上世纪七八十年代发起了"肥皂运动"、"包装物的再利用、再生运动"等一系列具有国际影响力的改革。

武汉万科物业正在策划一个太太俱乐部。

内容之一是依据不同季节、不同时令,市场上不同生鲜食材,由家艺辅导员教会员做菜。

一种教法是贴出菜谱,广而告之;另一种教法是"上门教菜",从原料的选购,下锅前的处理,到煎煮烹炸、熘炒煨蒸,全程教学。一家教菜,几位邻里观摩,有趣且欢乐。

除讲究时令,家艺辅导员还有其他兴趣服务供挑选:教地方菜、地方小吃,教南方人包饺子、蒸包子、做手擀面,甚至教做西餐、做俄式、法式和北欧糕点。

不定期,俱乐部安排会员菜肴的品尝会。吃得顺口,烦恼皆丢,"口福"在中国人的幸福感中占位很高。

■ 2011年,"武汉万科幸福向前冲"活动现场。

辅导员又教居家园艺，教编织一类居家手艺，种花草、饲鱼虫、养宠物，废物利用做成工艺品装饰品美化空间，以及许多不降低生活质量却能省电、省水、省用消耗品的各种小知识、小窍门。

美容、健身、烹饪、插花、读书会，凡是主妇感兴趣的俱乐部一一奉上。

会员中谁人学得好，做得好，社区有奖，也可言教身传于他人。家艺辅导员由会员主妇和专业人士共同组成。

老年合唱团、书法协会、腰鼓队、舞蹈队、声乐队；羽毛球协会、足球协会，各类基于业主兴趣与特长的社区团体也在蓬勃发展中。有些已成立多年，日常活动有声有色，画出邻里沟通、其乐融融的美好一幕。

2010年，一伙爱足球、爱运动的阳光人士在自己的主场——武汉万科魅力之城，发起了一场不大不小的足球运动。

不大是因其还在发展壮大，不小是因其特殊的组队模式——社区足球队。

有人把他们称为：足球新势力。

【全家齐上阵，幸福向前冲！】

酷暑横行水当道。

2011年8月，"幸福万科·幸福社区"大活动第一季开锣。27日，武汉万科首届大型户外水上竞技游戏"幸福向前冲"正式开赛。

972户万科业主家庭热情报名，14个小区、30000家庭齐观战。现场，大人小孩冲关战水，摇旗呐喊，一派激情。

红郡赛区，第一组是一对父女，主持人问：今天跟爸爸是怎么分关来挑战？

小女孩毫不犹豫地说，"爸爸闯第一关，二、三、四关。"好大的口气！

主持人也很疑惑，"为什么你不玩第一关呢？"

"因为第一关太幼稚了。"

小女孩的回答雷倒众人，全场笑翻。

其乐融融的一家三口、年轻又有活力的亲兄弟、相濡以沫的大学老师夫妻档，曾经参与过奥运会武汉站的奥运火炬手父女……大家清凉上阵、逐一完成水上竞技智勇狩猎、欢乐快艇、激情浮桥和疯狂吊环四个关卡，水花溅起，乐翻天。

快乐是传统，幸福不言多。武汉万科各个社区几乎每月都有不同规模、不同形式的文娱活动，春在万科三月行、快乐六一、九九重阳、狂欢圣诞，社区文化风生水起。

2010年，"万科家年华十年盛典晚会"。8000余名业主欢聚沌口体育馆，湖南卫

视"快乐家族"何炅、李维嘉、谢娜、吴昕和杜海涛主持。300位演职人员全部由22000户武汉万科业主家庭选出,创造了武汉演出行业一个"奇迹"——非专业演员自发组织的规模最大的社区晚会。

2009年,"歌唱祖国"社区红歌会,社区"明星"与蒋大为、朱明瑛等几位老艺术家同台献唱,11个小区6000余名观众观摩演出,获得政府媒体高度赞赏。

金色家园65岁的金婚夫妇陈敬荣、王蓉,一听说社区要搞红歌会,当天就报了名,还特意写了一篇《用歌声祝福祖国母亲》的文章送到组委会。

2008年,首届武汉万科社区运动会盛大开幕,12000户家庭、3000多名运动员代表各自所在社区在47个项目上争夺50余块金牌,这是武汉市规模最大的一次社区运动会,掀起了全民健身的热潮。

2007年,武汉万科happy家庭节闭幕式暨万科社区爱心晚会,8个小区的6000余名业主共襄善举。晚会现场请来了万科业主们捐助的红安县觅儿寺镇新集联校校长,共同完成了一个简单的捐赠仪式。

晚会为社区7对金婚老人举办金婚庆典。金婚老人现场作诗《鹧鸪天·万科为我贺金婚》,即兴演唱《夕阳红》,岁月沉淀的朴质经典感动了每一个人。

……

2011年10月7日,武汉万科大晚会又将拉开帷幕,属于武汉万科人自己的盛宴、自己的秀场又将来临。

【垃圾分类在万科:幸福家园是绿色】

2010年3月31日,王石出发去加德满都。5月,60岁的王石再次登顶珠峰成功。

"垃圾除了小便其他都要带回来……7年前登顶珠峰更多的是满足个人英雄主义情结,7年后却更多感受到环保行动的使命感。"

万科公益基金会与腾讯公益基金会联合发起"零公里行动",呼吁通过生活垃圾的前端分类减量解决城市垃圾问题。

"王石"与"零公里行动"共同号召——垃圾分类从社区做起,从身边做起,从每个人做起。

万科绿色幸福生活,改变了"垃圾的命运"。

2011年5月29日,武汉万科润园垃圾分类启动仪式,小朋友们组成了环保卫士团,宣讲垃圾分类小知识,动员左邻右舍参与并争取"粉丝"。

一位老爷爷喜欢乱丢废旧电池,小孙子"教育"他:你这一节旧电池丢下去,不

■ 王石登珠峰，说："除了小便，所有垃圾都要带回来。"

知道有多少地不能种庄稼，多少水不能喝。

每户签署垃圾分类承诺书，学习垃圾分类知识。

小区发放"爱心环保小存折"，对住户垃圾回收的行为进行鼓励，并集结热心环

保的业主，成立垃圾分类工作室。

2个月后，住户参与率达到80%，垃圾减量15%，垃圾分类准确率达30%。距离武汉万科物业设定的目标（业主知晓率达100%；业主准确投放率达60%；社区垃圾量减少30%）又近一步。

一系列以"左右地球"为主题的社区环保活动，竞相展开。

2011年3月12日，武汉万科8大入住社区及6大在售项目，近2000人、超过700户家庭为地球种下"绿色希望"。西半岛刚做父亲的刘先生给种下的树苗挂上许愿牌：希望这颗小树苗跟我家宝宝一起茁壮成长。

2011年3月26日，武汉万科携手黄鹤楼共同参与"地球一小时"。晚上8点半到9点半，黄鹤楼第一次迎来它"黑暗中的美丽"。现场一对因环保而相识相知的情侣，在黄鹤楼熄灯下完成了他们的特别婚礼。

黄鹤楼熄灯的这一小时，武汉万科的各大社区也处于黑暗中。金域华府沿街广场前搭起"月光舞台"，乐手演绎环保主题的歌曲，现场三位专业运动员用人力发电脚踏车的形式为背景供电。

2011年3月26日至28日，武大樱花节，人头攒动，川流不息。武汉万科连同武大校研会，展开"购水返瓶"活动，但凡入园赏樱者皆可以1元人民币购得活动中所提供矿泉水，只需将空水瓶返还便可获返购买时的1元钱，小朋友还可同时领走一块手帕。

2011年3月27日，一支由武汉万科管理层自发组成的自行车队，以万科西半岛为起点，环行国家级湿地公园金银湖，从容零碳行。

武汉万科地产总经理张旭、武汉万科物业总经理何曙华，均在这支"低碳骑士"队列，旗帜鲜明地倡导绿色环保。

去年世博期间，由万科业主组成的业余自行车队，更猛。一群绿色骑士以自行车代步，历时11天，抵达上海，为世博送上万科人的喝彩与祝福。

【商家联盟：足不出户畅享生活】

2008年开始，武汉万科连续3年为新交付的业主提供家电团购服务，在工贸家电等大型电器卖场开展万科业主专场活动，5000余户业主从中受益。

翻开万客会内刊《邻居》，每期刊物最后都是大量上万科网团购的物品信息，大到家具建材、电器、旅游，小到零食、护肤品、衣服、包包，生活所需方方面面都找得着。

2010年，万科物业牵手蒙牛，提供社区乳制品配送服务。业主一个电话到物业，不一会就能喝到物业人员送上门的新鲜奶品。牵手海尔，开家电体验店，业主在小区就能选购正品家电。

"未来也许可以在小区建立一个新型物流大仓库，实物配送。业主一个电话，或者在家门口就可以购买到放心米、放心盐，甚至更多生活上的放心产品。"

"未来，我们也许会将住宅和智能化家庭联系在一起，让业主真正畅享高科技生活……"。

在武汉万科物业的规划中，还将陆续与保险、心理、健康、法律、理财咨询等社会专业机构合作，将专家引进社区或者架设热线电话（在线留言），开辟属于万科业主的绿色通道。

这意味着：

武汉万科的业主们人不新鲜时，先不必去医院，也不用自己胡乱判断吃药。只需在家门口的医务室或者电话社区医生，就可以咨询病情。除非必要住院的大病，都可以在小区解决。

■ 万科"低碳骑士"环金银湖倡导绿色环保，右一为武汉万科地产总经理张旭。

遇麻烦事或理不清的家务事，找社区的"清官"，法律专家就在身边，用起来更靠谱，甚至社区"送法上门"。

社区法律咨询可以通过电话、电脑完成，有时不过5分钟，便解决以前可能花5个小时都对付不了的问题，省下的不只是时间、精力，一般还有金钱，更有绿色好心情。

全民理财时代，投资股票、保险、期货、外汇、贵重金属、玉器、邮票、字画、古玩、商品房、商铺，几乎没有什么事情比理财更需要人们懂得法律的底线和自身权益，理财咨询有时首先是法律咨询。

法律与理财咨询员也许不一定是居家理财的"路路通"，只要他能联系各种理财专家进社区就行，只要他能帮助住户打通咨询电话就行，只要他能把外面的专家和社区资深理财人士请来，坐在居民中间，给大家讲一讲就行。

社区，一条回家的路：你的生活方式是你的底线。我们的最高理想在邻居。

德克萨斯建筑学院前院长鲍克斯在大学校园无意中听到，你的生活方式是你最后的底线。

王石说，选择万科就是选择了一种生活方式。

怎样可以获得一种幸福的生活方式？

有一个主意：重新走向古希腊时期的社区生活和"社区人的相互关怀"，以此重塑幸福感。

提出者是作家比尔·麦吉本，与《瓦尔登湖》、《寂静的春天》的作者们并列为美国三大环保主义者。

这个美好的设想并非其原创，古今中外很多智者都曾提出过这一路线——黄发垂髫怡然相处，成年男女相亲相爱。

2011年，万科物业进入第三个十年，承载30万户业主，管理面积超过4000万平方米，管理项目跟沃尔玛在中国的开店数一样多。

30万户，用万科集团物业事业部首席执行官朱保全的话说，相当于一个中等城市的人口规模。

这位万科物业掌门，光头、短髭、微胖，被王石称为"我们可爱的大宝同志"，员工则亲切地呼其"宝总"。

他在出席香港一次行业活动时发言，"整个（物业）行业从深圳开始做起，做到今天应该说为中国的住宅发展起到了至关重要的作用。恰恰到了30个年头，应该到了

65

变革的时期"。

"大宝"有一个物业"回"字理论：大口之外是社会，理论上应有配套的社会公共服务体系，如教育、娱乐、医疗等；大口之内小口之外，是小区的公共部位，属于物业服务的范畴和核心；小口之内，是业主的专有部位，基本属于业主自治范畴。

大口小口之间，有太多社区可发挥之处。

"大宝"说，就应通过服务延伸推动社区居民的居住幸福感提升。

在武汉万科总经理张旭眼中，生活的头绪千丝万缕，远不是建筑美学，大到户型，小到玄关收纳、卧室、厨房、餐厅等空间分配这般单纯。

"万科作为这一系列生活内容的营造者，满足未来居者全生命周期内理想的生活

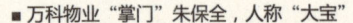
■ 万科物业"掌门"朱保全，人称"大宝"。

方式是我们需要反复预想的。"

"启程一段发现之旅仅仅靠持续创新的居住产品是不够的，或者说这只是底线。土地、建筑、环境与人和谐共生，激发每户家庭每一位成员的个性，创造客户未来的生活模式才是通络武汉万科的内在精神。"

多年前，武汉万科物业总经理何曙华邂逅一位深圳当时的知名媒体人，相谈甚欢。

该仁兄说：其实大多时候，我不清楚自己的工作能给社会带来什么贡献，而你们做物业的，不管是保安保洁，还是设施设备管理，每件工作都实实在在，每天都在帮助老百姓解决实际问题。

"你们的工作才是在实实在在地创造幸福"。

这番话鼓励何曙华不断探寻物业创造幸福之路。

这个儒雅的江西汉子，被问及"金牌物业"——万科物业有何与众不同。他答：是文化，以人为本、用心尊重人。

"骨子里的尊重，骨子里的自律，影响着万科物业的每个人、每件事。"

"一个社区的气质和气场，源自物业管理。选择一个家，户型重要、环境重要、配套重要，决定了你是否能住下来。物业管理则决定了你是否住得长久。"

采访中，笔者向工作人员要一张何曙华在活动现场的照片。结果找半天，只找出一张被用滥了的陈年旧照。翻阅公司出游的照片，人人都有几个特写镜头，还配上生动文字说明。唯独他们的"头儿"，难得露几下脸，都是随意站在人群中，好几张被人挡住了大半个脑袋。

不死心，再问：有没有可能在哪次活动中有镜头呢？

对方语气很坚定：不可能。每次活动他都是总调度，查看各个岗位有没有到位，满场飞的一个人。

"外面请的摄影也不认识他。而且，每次活动，我们的镜头都是聚焦业主，或者工作人员，没人管他的。"这位年轻经理，笑笑：被你这么一提醒，我才发现，好像我们真的有点不够关心我们领导，改天要和他说说。

但有时万科的"干部"却特别被当"干部"。

某年，万科集团董事局主席王石来汉，一位也姓王的物业经理陪同他参观西半岛小区。一路上不断听到业主招呼物业王经理，"你好，王经理"，"王经理，来啦"，羡煞一旁的老王。

67

回归社区幸福之前,要问一句:在社区里能做些什么?

一场"地球一小时"的熄灯活动中,平时相见不相识的邻居走到小区公共场所,才发现彼此多半相聊恨晚。

"社区,不是一个社会单位,而是人与人之间的联系。社区就是邻里之间的往来,我们的最高生活理想在邻居。"

走出三居两室,社区的能量令人吃惊。

万科已经有数十个小区在坚持垃圾分类,今年要做满100个。100多个小区已经启动了垃圾分类的"立及行动日"宣传。

民主选举业主委员会,已经开始在基层培养公众的选举与协商素养。

■ 武汉万科物业总经理何曙华,坚持"骨子里的尊重,骨子里的自律"。

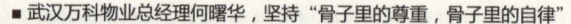

南京万科光明城市的一部分业主们一起捐助了一位患重病的女婴后,"意犹未尽",干脆成立了一个非正式的组织——"光明慈善基金会"。米粒之珠,大放光华。

深圳四季花城,完全由非专业出身的小区业主所组成的合唱团,竟然一次次在全国性重要合唱比赛中斩获大奖。2010年,代表广东省参加"第二届中国老年文化艺术节"全国合唱大赛,又夺得一等奖。团长说,今年将迎来合唱团成立10周年,他们要推出专场音乐纪念会。

武汉魅力之城,推出为期8周的"光谷精英青年节",向武汉三镇优质男女嘉宾、光谷高新企业员工、万科业主发出联合邀请。2010年5月23日,魅力版《非诚勿扰》第一季推出,赢得满堂彩,一举超越武汉同期各类相亲活动。

……

方家感慨:这社区,原来可以是个一站式实现士大夫齐家治国的地方。

[相关链接]:

武汉万科"第一物业"故事

万科物业素有"金牌物业"之誉。2011年上半年,盖洛普调查公司结果,武汉万科物业服务的客户满意度为94%。

运行多年的第一物业如何个金牌法,勿须絮叨,且请读者在以下小故事中找寻答案。(注:武汉万科物业平均每年收到业主书面表扬信近2000封,今年1-7月已收到1200余封,多数故事摘自或源自其中。)

· **车窗上的工作服**

4月22日夜晚,雨声和雷声没有影响我的正常睡眠,而是一阵急促的电话铃声将我们惊醒。是单位小车司机打来的,他说,万科打来电话通知小车未关好车窗。我赶紧穿好衣服出门,看了下时钟是21:30。

赶到停车位,眼前的景象让我倍感激动:车窗被一位安全员的工作服遮得严严实实,旁边一位穿着衬衣的安全员小伙子诚恳地对我说:对不起,这么晚了,打扰您休息了。这是哪对哪啊,明明是我的疏忽给你们带来了麻烦,却对我如此体谅!我一时之间百感交集。

· **结婚纪念日,物业送上一束玫瑰**

一对夫妻,丈夫出差期间突然想到当天是他们的结婚纪念日。他给物业打了个电话，说非常希望能委托物业，代表自己送一束花给老婆。

当时是晚上7点，小区位置很偏，周围没有花店。物业人员二话不说，立即坐公交去帮业主买花，又坐公交返回。当那束玫瑰出现在那位妻子眼前时，她双重感动。丈夫之后有些愧疚，觉得那么晚还烦扰物业，心里已经感动得无以复加。

·武汉暴雨倾城，万科小区皆无恙

2011年6月18日，暴雨袭击武汉，当天降雨量相当于11个东湖的水量。全市交通拥堵，多条主干道瘫痪，车辆水淹情况普遍。

万科各小区安然无恙。雨季前，武汉万科物业就已完成了设备房的挡水坎改造，并增设地下车库防洪闸、汽油机水泵等防洪物资。降雨伊始，各项目第一负责人即值守现场指挥防涝抗灾，在9个项目重点出入口堆筑防水墙，安排专人在小区内巡查，确保排水管网及水泵运转正常，有条不紊地进行各项暴雨来临应对工作。

·西半岛停电事件：微风轻吹这座城

2010年8月5日，金银湖市政设施故障停电16小时，西半岛物业服务中心69名员工面对高温和留在小区里近千户的老弱幼小，全员投入到停电应急处理中，16个小时坚守小区现场。

工作人员7分钟内巡遍79部电梯，成功解救2名被困在电梯内的业主，主动为业主提供纳凉点，免费开放小区泳池，将西瓜、纯净水、扇子、花露水近千份等发放到业主手中，在小区广场播放露天电影《苏乞儿》，事后业主们交口称赞物业贴心周到，与此同时，同地段却有小区遭遇了前台被砸的困境。

·城花/魅力停水事件：情意在停水时流淌

2010年8月23日，光谷市政设施故障停水23小时，城市花园物业服务中心和魅力之城服务中心立即召开应急部署会议，在最短的时间告知全体业主停水信息，调集2部消防车、近百个储水桶供水，百余工作人员肩扛手提为3000户业主送去清凉之水，业主们纷纷慨叹"何曾停水？情意在停水时流淌"。

·城市花园值班员抢救溺水老太

2011年8月3日9：10分，万科城市花园控制中心值班员董进贤接到业主门禁对讲，反映小区外围城北绿化带水塘有人溺水。

董进贤立即通知水塘附近岗位的刘清权等人赶赴现场。刘清权发现一名老太太漂

浮在水面，奋不顾身跳入满是浮萍和青苔的池塘，将老太太托上岸，立即进行压胸排水急救。与此同时，物业服务中心拨打了120急救、110报警，呼叫了社区卫生室医务人员参与抢救，派员随120急救车陪同溺水者前往医院治疗，并根据老太太身上的钥匙搜索到其住址，联系上家属。经及时抢救，老太太脱险。

·魅力之城的业主提前生了

2011年5月22日早晨7点左右，魅力之城一位独自在家的孕妇出现提前分娩征兆，电话物业中心求助。

夜间值班经理周佑元一边安排控制中心拨打120急救、安全员范勇等去马路边拦截出租车，一边赶往业主家中，撑上雨伞搀扶孕妇出门。外包方保洁主管陈德春闻讯也赶到现场，协助帮人。

6月4日，业主在网上表述了22日的事情经过，称"顺利分娩，母子平安，原本想物业帮叫出租车即可，孰料做了这么多，万科物业真给力。"

业主之声（均摘自2011年7月份表扬信）

我是四楼业主，家里唯一可晾晒的地方却总是有楼上各家的空调流水往下滴，别看此事不大但涉及的住户较多，为解决此事毛卫东不怕辛苦上我家了解情况有七、八次之多，到其他相关住户家的次数就还要多，经常要弄到晚上七、八点钟还在查访，因为太多他无法控制的客观原因，问题虽没全部解决，但这种负责的工作态度让我大受感动。

昨天正中午，天气炎热，我带着小宝宝，又拿着一个大西瓜。还要拿童车，小宝宝又要抱，不肯走路，正在为难之际，是曾祥广同志，护送回家的，在此特别感谢贵处培养了这么好的同志，当时他正要去吃饭。但毫不犹豫地帮我拿东西送回家。实在非常感谢！

昨日下午17：00，天气炎热，肖少恒师傅帮我家修理纱窗，因为纱窗弹上去了，拉不下来，曾经请师傅修过，但肖师傅积极想办法，既要修好，又不能让它不再弹上去，重复修理。他动了很大的脑筋，想了很多办法才把它修好，使之不但好用，而且耐用。

我们万科中老年舞蹈队成立已经三年了，万科物业领导和员工非常重视和关心，帮我们修场地，安排演出，尽可能地提供良好的环境。现在参加舞蹈队的人员越来越多，舞蹈活动已经成为万科城市花园一道亮丽的风景线。

6月28日下午18：20，我母亲突然发病高烧39°以上，因家中无人照料，我立即给医务室记应林大夫打了个电话，纪大夫二话没说立即到物业办公室，约了绿化组陈旭同志仅几分钟就赶到了我家，并立即给我母亲进行了检查处理，等我赶到家时见母亲平安得到照料，陈旭同志还亲自将老人扶到车上送医院急救，我们全家十分感动。现母亲已痊愈，特致信感谢！

六月二十五日暴雨，我家露台被堵，由于雨大积水较深，不处理就会流进屋里，我打电话给物业处求助，很快王三树师傅就来了，他冒着大雨给我疏通了地漏，因风大雨大，不能用伞，他在工作中全身淋得透湿，我对他说对不起，他笑着说："不要紧，这是我们的工作。"我很受感动，再次谢谢物业和王师傅，我们万科物业的师傅是最棒的。

今天早上我像以往一样等候电瓶车，正好来了一辆。可是已经没位子了。电瓶车小黎说"阿姨您等一会我来接您"，恰巧此时来了一辆巡逻车，他将我带到中百超市。从超市出来后听到一个声音"阿姨，听说您已经到超市了，您提那么多东西，等几分钟我回头来把您带回去"。抬头一看是小黎姑娘，多好的姑娘，言而有信，值得表扬。

我今年74岁，居住在万科魅力之城。每当我遇到困难时，万科物业的工作人员总伸出援助之手。我身居七楼，杨嘉、易小辉同志随叫随到，解除我的困难。一次我有一篇长达数千字的文章需要及时打出，杨嘉、夏婷婷、姚娜、黎婷等人在不影响本职工作的前提下圆满地完成了任务。王双成、潘晴雯、刘静、林兰等等和已离开物业公司的杨洋、曾莹、刘富兵均给我留下了美好的回忆。

6月18日晚，因工作关系和朋友多喝了几杯白酒，单位同事将我送到小区门口，刚下车，酒力发作，一下坐到地上，同事束手无策。这时，万科几位同事见状冒着倾盆大雨，问明情况后，毫不犹豫地背起150多斤重的我并将我送到家里。

6月16日，我家卫生间的灯坏掉了，与物业联系后，当日上午9点电工叶师傅上门

维修。原来是整流器坏了,要换一个新的。我是一个65岁的老人,对整流器的型号也搞不懂。叶师傅热心地说:婆婆,您如不方便,我愿意为您去买,蛮近的。那天天气蛮热,叶师傅汗流浃背地骑自行车出发了,等到他再出现在我家门口,工作服已汗湿了一大片。

细心的叶师傅给我选了个经济适用的整流器,还过细地附上了购物发票。等到灯能使用时,已是中午12点半了。他看着灯说,这个灯不应该这么暗的,灯罩太旧了,我回去找找有没有新的,找着了就给您换一个。晚上,叶师傅果真找到了新灯罩,帮我换了。感谢万科物业,感觉在这里居住很温暖。

上月的一天晚上,我家小儿子发高烧,深夜急赶去市妇幼儿童医院。可年仅8岁的女儿无人看管,西半岛客服黄晓娟得知消息后,主动提出帮我照顾。我和爱人常年在外地,家里只有两个幼孩和一个老人。其实小黄平时也给予我家很多帮助,比如:家里纱窗坏了、门锁坏了、都是小黄第一时间帮其处理好的。

7号晚上本人家里临时停电,当时非常焦急不便。几分钟后物业赶到,为解决燃眉之急,帮我临时接电,半小时家里就恢复用电。后来,因为我没去过供电所充电,不熟悉交通,在我告知程先生后,他主动帮我去供电所充电。那天晚上我回来得非常晚,程先生一直拿着我的供电卡等我到深夜12点,那时早已超过他下班时间五六个小时,一声谢谢不足以表达我的感激之情……感谢万科物业中心人性化的服务和为业主所做的一切……

鲁国有条法律:凡沦落在外的鲁人,有能赎回者,国家赔偿及奖励。子贡赎出多人却不领金,孔子批其举"有失",祸害无数落难的鲁国同胞。此风一开,依富者寡贫者多的国情,救人者只会越来越少。

另一名弟子子路救起溺水者,那人以一头牛相谢,子路受了。孔子大喜:鲁人从此必勇于救落水者了。

武汉万科推行幸福物业不是学雷锋,不是做慈善。

作为企业行为,有其市场逻辑。

不同于第一物业,第二物业(幸福物业)依赖一个重要支撑:广大社会服务性资源,即庞大的"商网"。

73

"幸福社区服务体系,是武汉万科物业在新形势下市场化路线的深化和拓展。它的可持续性经营,根源是万科物业的基础服务得到业主高度认可,或者说是客户忠诚。"

"增长机会在于,社区最后一百米的客户资源开发与经营。围绕着满足业主生活、精神的个性化需求所提供的服务,是有偿服务,收费标准可市场化,收费对象包含享受服务的业主和参与服务提供的社会商家"。

子贡赎人,孔子大怒。子路受牛,孔子大喜。

一怒一喜,老夫子都不是冲着个体行为,而是所带来的长远效果。

半市场化、有偿服务是万科幸福社区体系的一个重要运营模式,也为这种体系的可复制可持续提供了动力和可能。

万科小区中有近30万户业主,上百万居民。规模如此庞大的中产阶级,蕴藏于其中的创造力和智慧,不发掘出来,实则是一种巨大的社会浪费。

延伸来看,全中国有多少小区,多少能量还待开掘?

武汉万科物业言:我们期待,这种体系能够推而广之,泽被群生。

尝试幸福物业推进过程中,他们请了学界业界以及其他领域的很多专家来论证和探讨。

这些专家为这一新事物作了一些独特的注释:

"武汉万科物业现在所做的事情,中国很多地方的物业也在用各种不同的方式去探索和尝试。"

"怎样突破旧有物业模式,引领人们回归社区幸福?怎样让社区成为'齐家治国平天下'的根基和源泉所在?"

"其以透彻而系统的理论、全面而精巧的设计以及脚踏实地的推进,形成一种新的万科'居住文化'——不光解决了'居者有其屋'、'居者安其居',还朝着'居者乐其所'方向大步迈进。"

"社区,既可以作为'齐家'的有力支撑,又为'治国、平天下'源源不断输送春风、阳光、雨露……在这方面,武汉万科堪称'先行者'。"

■ 2008年,武汉万科业主运动会闭幕式上,魅力之城社区方阵出场。

延伸阅读

张之洞博物馆：
一个人和一座城

文/倪云

　　6月21日，一个博物馆在武汉奠基。建设者武钢集团和万科集团称："我们所要做的不是一个项目，而是关于一座城市，一个区域的'历史象征的复兴、工业文明的复醒、城市文化的复苏'"。

　　这个象征符号叫做：张之洞。

　　汉口的复活，不能不提张之洞。

　　中国现代工业的萌发，不能不提张之洞。

建筑大师李伯斯金中国开山之作，万科向历史和城市的奠定者致敬

　　此番投资一个亿重建张之洞博物馆，可视作向这座城市现代化奠定者的致敬。万科总裁郁亮说，要以此"来向世界传递我们对历史和未来的尊重，以及东西方文化融合（的主张）"。

　　万科武汉总经理张旭曾向《预言家》讲述万科人对张之洞的推崇：

　　"他是大武汉根系所在，他开启了'武汉造'时代。"

　　"张公堤建起之前，汉口多为沼泽。其后，沿着这条线渐定下城区轨迹。甚至可以说，整个武汉的城市规划空间格局都是在张公时代奠定的。"

　　……

　　万科在全球遍寻设计大师，最终担纲者是建筑大师丹尼尔·李伯斯金。

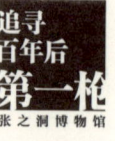

柏林犹太人纪念馆、纽约犹太博物馆、曼彻斯特帝国战争博物馆、"911"世贸纪念公园……他的作品总承载着深刻的历史主题。

李伯斯金说他一直努力建造的建筑："它们穿越历史的尘埃，留下永不磨灭的记忆，虽历经兴衰，却风采依旧。"

张之洞与武汉这座城市的故事打动了他。此前，他的作品享誉世界，却鲜与中国有交集。

张之洞与近代工业博物馆，是大师在中国内陆的第一个作品。扩建后的张之洞博物馆，总建筑面积约7000平方米，景观上纳入大江大海的暗示，体现武汉三水相会、九省通衢的地理特征，和波澜壮阔的历史脉络。

看过设计的人惊叹：犹如巨轮，扬帆远航。这与仿佛浮悬于波涛的江城，"很搭配"。

张之洞让小汉口变成大汉口

张之洞和汉口的故事，三天三夜也讲不完。本土小说家方方在《汉口的沧桑往事》里写道："当踌躇满志的张之洞抬腿由司门口踏上岸时，武汉便注定了它命运的改变。"

一个以"大汉口"为中心和象征的大武汉时代，由此开启。

张之洞，成了汉口的历史坐标。武汉大学教授陈峰在研究汉口历史发展阶段时，以张之洞督鄂作为标志之一。

他将"小汉口"推向空间意义和时代意义的"大汉口"。

张之洞的孙女张厚粲曾经走到张公堤上，请人们给她讲解这条堤的由来。

住在堤边的老人都会讲这样一个故事：传说张之洞当年站在后湖中搭起的一个台子上，用望远镜四处观望，他指点到哪里，张公堤就修到哪里。张公堤的修建，把当年的汉口城市空间一下子扩大了几十倍。

52岁来汉，71岁离汉，张之洞为汉口城市现代化创造了很高的起点，构建起那个时代现代化的工商、文教、市政交通立体发展格局。汉口，由中古市镇转变成为"驾乎津门，直追沪上"的中国内陆最繁华的国际大都会。

张之洞兴办产业的政策包括创办工业，改良农业，发展交通通讯，改革金融。清末民营工厂共有82个，大多生产日用消费品和食品，如火柴、服装、面粉、肥皂、玻璃、卷烟、纸张、布袜等，它们是汉口市场上真正对外国商品构成竞争的力量。从此，汉口市场的发展有了新的生长点，城市的经济功能也由商业独秀到工商并重。

■ 湖广总督张之洞

摊开大汉口工业化起步的画轴，几乎一山一水的更新皆与张公有关。

刻进历史和时代的汉口关键词：张公堤、京汉铁路、东方芝加哥、两湖书院、地产大王刘歆生、汉口南洋兄弟烟草公司、大汉口第一号商人宋炜臣和宗关水厂、既济电厂、荣氏家族的申新四厂和福新面粉五厂……哪一样离得了那个面容清癯留着几缕清髯的总督大人？

这其中，京汉铁路于汉口的深深楔入，使张公堤围出的大片沼泽之地，以历史少有的速度，聚集工商业，而形成市区。

研究者称：晚清汉口，列强沿长江北岸开发，张之洞向着城市的纵深建设，二者客观上产生的动力，将汉口推上自身五百年发展的一个鼎盛时期。

再度崛起的渴望，让人们重新认识张之洞

张之洞——这个历史文化符号，近十年才又以正面价值重新进入人们视线，甚至兴起一股"张之洞热"。

本土史学家皮明庥先生认为：这是一种值得关注的、从未有过的文化现象。

"今天的武汉，与一百多年前张之洞治鄂兴汉的雄心与业绩已紧紧联结在一起。一百多年前，张之洞缔造了一次武汉的崛起。一百多年后，武汉面临再次崛起的机遇。有识之士早已关注两者的逻辑联系。"

"昔贤整顿乾坤，缔造先从江汉起；今日交通文轨，登临不觉亚欧遥。"一个世纪前，湖广总督张之洞留下这副楹联。

一个世纪后，他的后代们看到蛇山之上的抱冰堂、中山公园的张公亭、汉口的张公堤、武昌的张之洞路、汉阳的张之洞与汉阳铁厂博物馆。

今日，武汉人又要重修张之洞博物馆。

之所以重新纪念张之洞，有着深层次的原因："再度崛起的渴望，让人们重新认识张之洞。"

今天的武汉能否重演一百年前奋起直追、勇立全国前列的那一幕？人们急于看历史，看未来，寻找答案。

丹尼尔·李伯斯金是当代建筑领域最具哲人气质的建筑师之一。从他的第一个作品柏林犹太博物馆开始，他就期许以建筑的形式"告诉人们人类灵魂的故事，以一个崭新的方式表达与改变这个世界"。

博物馆形似方舟，漂浮在地平线上。也许是向武汉人"敢为人先，勇立潮头"的传统致意，也许还有关于人类文化和命运层面更深的寓意。

在张之洞逝世后的百年中，每到中国处于东西文化相撞的十字路口时，学者们总会想起他的"中体西用论"。

这种思想无论受到怎样的时代束缚，政治局限，其主张文化开放，主张人类文明融会的特征，没有让历史风沙磨去。

李伯斯金，这位犹太后裔的建筑大师，选择了方舟形象，很容易让人想起西方"诺亚方舟"的文化符号。他在中国内地第一件作品的思考和文化挖掘指向何在？是不是与百年前张之洞东西方文化相开放的思想暗合呢？

■ 张之洞博物馆

■ 丹尼尔·李伯斯金

陈纯星：
川娃子缔造民族电梯"王国"

文/冯欣楠

武汉,东湖高新技术开发区一隅,矗立一座白色高塔,"腰身"凸凹四个大字:"智能电梯"。外表看似平淡无奇,内里有乾坤:很快,世界上首台磁悬浮电梯,就要在这里试验,最终嵌入各地高楼。

听过磁悬浮列车、磁悬浮空调,而磁悬浮电梯,闻者不多。在这个全球第一台电梯的指标背后,还有每秒8米的"世界最快速度"。

川人尚勇,许是延续着这种血脉,"川娃子"陈纯星,从武汉发轫,在由他亲手缔造的电梯王国里,在中国民族电梯行业里,一再创造着属于他的朝代。

外资收编强硬拒绝

今年上半年,全球电梯第一品牌奥的斯,接连在北京等城市出现安全事故。千公里之外,陈纯星回首往事,"当年,奥的斯曾经来汉收编,我强硬拒绝。"

时间回溯到2005年,美国奥的斯电梯公司北亚太地区投资总部打电话到武汉智能电梯有限公司,询问出差在外的董事长陈纯星何时回汉。

全球电梯"老大"亲自垂询,想和智能谈一次合作:双方合资。跨国公司巨头远隔重洋,不惜放下身段来与智能接洽,带来大笔现金,输入管理,布局渠道。对于土生土长于武汉的智能,不啻于一个大买卖。

然而,面对对手的收编,陈纯星只有6个字,"我不想签协议"。

陈纯星的底气,有实力支撑。在此之前,奥的斯采购供应链技术总负责人带6人小组,全面评估智能电梯技术和制造实力。评估结果是:没有想到武汉智能电梯公司的电梯制造实力如此雄厚,连奥的斯需要外购的微机控制系统和电梯开门机,都能自己制造。

在那时,武汉智能在全国设有11个分公司9个办事处,外地加工厂6个。根据订单趋势预计,不过3年内年销量可望突破3000台,产值过8亿元。再不是1998年起步时,仅靠着电梯维修为生的小企业。

陈纯星眼中,奥的斯是个非常优秀的企业,资金实力雄厚,有先进、规范、系统的管理经验,有强大的品牌和销售网络,能够合资当然好。"然而这些优势,并非不可企及。智能上规模,不愁资金。管理可以购买。我们不愿勉强合资"。

双方分歧在股权——外方提出,武汉智能首先进行资产评估,前3年,奥的斯陆续投入现金,占20%股权,3年后奥的斯公司收购股权至80%。智能电梯要求,合资前3年,奥的斯股权可买到40%,3年后不能超过50%。

"这是最大让步。超过50%,智能将失去经营决策的主动权","我们有技术,

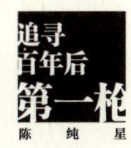

有实力,为什么一合资就得当配角?"

股权这个关键点卡壳,双方艰苦谈判历20多次。仍然僵持不下。

"股权看似一个关键点,更深层次的问题在于品牌,"陈纯星说,"接受奥的斯合资条件,以自主技术为支撑的'智能'品牌,可能被外来品牌一步步吃掉。"

一些人担心错失良机,多次好心提醒"加快合资"。陈纯星虽有压力,方寸不乱。最终双方擦肩而过。

6年过去,今日智能,位于东湖开发区、占地64亩的智能新厂房早已投产,到2015年销售能超过100亿元,一年生产3万部电梯。从当年的中国民族品牌第三名,一跃至"首座"。

"没有当时的拒绝,现在说不定已没有'智能'了。"

"猫腻"投标"一声吼"

在电梯行业,流传着陈纯星一个充满血性的"段子":凭着一股子拧劲,硬是把一个定论的招标结果给更改过来。

2005年12月, 武汉某事业单位扩建工程计划采购5部电梯,招标评审于5日完成,原定14日开标,但迟至月末还未开标。

28日,这家单位主管部门党组作出决定:重新评标。

事情是这样的:招标评审后,武汉智能电梯公司得知,自己是第一名。谁知3天后,业主单位寄来"考察通知",智能电梯的名次从第一变为第二。

陈纯星想不通,找有关方面反映此事。参与评审的专家得知此事,也深觉奇怪:评标结束离开时,明明看到智能电梯得分是第一名。

招标单位透露原因:招标评审委员会共7位评委,其中随机从专家库中抽取5位,业主单位1位,项目承包公司1位。评委各有一张打分表,标示各细目分数。招标公司手上有一张汇总表,一张评标报告。评委需要在这三个表上签字确认。

项目承包公司评委称:5位"机选专家"离开后,他发现汇总表上,自己给智能电梯的打分被抄错了,80多分抄成90多分。分数更改,及后来名次变化,由此而来。

这一修改,没有告诉已经离开的5位专家。据了解,专家离开前,在空白的评标报告上签了字。"抄分出错"通报给智能电梯,陈纯星企业表示难以理解。

中国招投标法起草人之一、武汉大学教授余杭认为,这种操作,至少有两处不妥:发现分数错了,应立刻通知专家返回,待专家确认是誊写错误,方能修改。

再一个,评标报告是最重要的法律文件,专家在空白评标报告上签字不当。余杭教授认为，电梯招标一事应该重新评标。

　　一般来说，碰到这种"暗亏"，投标单位只能打落牙齿往肚里咽，毕竟同在一地，将来还要招标。陈纯星却不信邪，一纸捅到了媒体上，见报后市领导得知此事，非常重视，明确要求：尊重专家意见，有错必改，规范招标。

　　1个月后，陈纯星拿到了这个原本属于自己的中标通知书。

2015年进入全国前三

　　2011年8月15日下午，原本约好2点半采访，但在办公室里等待了1个小时后，陈纯星风尘仆仆地出现了：刚从宜昌谈好一个合同赶回来。

　　穿着一件灰色T恤，一双黑色的旅游鞋蒙着一层薄灰，陈纯星的脸上没有疲惫，只有兴奋。"这是做大事业的一次绝好机会，我要把握住这个机会。"

　　今年，国家住房政策调整，各地纷纷建保障房，大量需要电梯产品。陈纯星的订单很多，比以前要忙很多。"这是个好事。"

　　陈纯星的梦想，是能做到中国电梯行业的前三名，那时候他一年的产量是3万台，规模达到100亿元。给自己定下的时间，是在2015年实现。

　　从开始涉足这个行业起，陈纯星想的就是能做到最领先。当然，初期创业的时候会很艰难，但现在越来越有底气：在国内有20个分公司，在国外还有5家工厂，两个市场支撑。从2005年开始，陈纯星就有了去争领头羊的打算。

　　他的速度有目共睹：2008年排全国第8，前7名都是外资，现在能排第6，超越了2名，不过前面的5名仍然是外资对手。待到踏上"探花"之位时，他不会允许国内同行超越。

　　在他的工厂里，除去流水线上的设备，工厂里鳞次栉比的绿树让人眼前一亮，好像是一个原始的小森林。

　　而在厂区内，每天早上和下午，各有半小时是茶歇时间，有小吃、茶水、烟、啤酒，都是免费的，员工在工作之余轻松一下，在国内制造企业中鲜见。

　　陈纯星说，要给职工一个好心情，"在自然的环境里工作，心情会好一点，效率也会更高一点。"

追寻百年后第一枪
石俊

石俊：
造原生电动车，筑500亿车企

文/冯欣楠

武汉汽车界崛起新一极

在武汉市市长唐良智与武汉企业家的座谈会上，互动环节，石俊"掩映"在江城80多位企业家中，很坚决地举手，第一个赢得发言机会，向在座的所有人公布了他正在做的事：他们自主研发的新能源汽车电池刚刚通过国家强制性检查，成为湖北首个拥有生产"户口"者。

之后，他向当地一家媒体透露了他更大的规划：造1个500亿元的车企，打上武汉原生的扬子江汽车集团和"扬子江"汽车品牌。"这样，武汉的汽车产业不再仅有央企东风、法资PSA、日资本田"。

在资金密集与技术密集、竞争密集的汽车行业，石俊的发言可谓一石激起千层浪：一家本土企业是否有这样的实力？

面对疑问，石俊并不轻言反驳。按照测算，1辆纯电动公交车卖价在150万元至190万元之间；如果能做到年产3万辆规模，500亿元产值并非遥不可及；而在其新的生产基地规划里，汽车总产量将达5万辆，还不谈其他类别的专用车以及零部件配套产值。

石俊说："过去，在武汉提起汽车就会想到沌口，那里有规划200万辆的汽车城。不出5年，我们会让武汉汽车界崛起新一极。"

与沌口的汽车城不同，国通青扬公司和扬子江汽车集团在江夏区的基地，主要制造新能源汽车，包括纯电动车、液化天然气车等。

这一汽车新城不仅涵盖汽车整车制造，还有整车设计、零部件配套。而绝大部分的核心配套都由国通青扬公司完成，包括电池、电机、电控装置等。可以说，这个汽车新一极能更多地看到本土的身影。

由国通青扬公司自主研发的电池，1次充电可跑300公里，放在城市公交车上降低能耗。也是该公司自主研发的天然气车，原料价格是柴油的六成，加满1次能跑700公里，作为武汉城市圈的城际交通车非常合适。

石俊说："这样，作为全国'两型社会'的试点，武汉又有了最新代表。"

纯电动公交车即将上路

19日，国通青扬公司"扬子江"品牌的3辆纯电动车驶进市政府大院，包括1辆公交车、2辆警务车。这是江城自制的纯电动汽车首次在公众面前亮相。

很快，20辆纯电动公交车就会驶上公交579线路，在江城大街小巷奔跑，为市民提供最新的乘坐体验。

在纯电动汽车产业化方面，最复杂的就是电池。石俊说，由国通青扬公司自主研

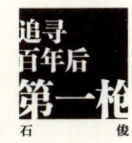

发的电池，通过了国家指定的两家权威强检机构——北方汽车质量监督检验鉴定试验所和天津汽车发展中心电池检验所的检查，包括在挤压、高温、低温、碰撞、连续快充放等极限状态下的状况。这种检测，全省仅有国通青扬公司一家"过关"。

有了国通青扬公司的电池"撑腰"，"扬子江"品牌国通的新能源车顺利登上国家汽车生产目录，相当于汽车制造的"准生证"。这使得江城在拥有了神龙、东风本田、东风乘用车3家轿车生产企业之后，诞生第四家大型专用汽车整车厂。

此前，"扬子江"国通青扬在东西湖区有一个生产基地，年产量约在5000辆左右。但目前，这个规模已远远落后于国通青扬公司的发展规划。石俊说，已经在江夏区重新购地，一期拿下600亩，专门生产电池；二期还计划再征地1950亩，生产整车和零部件，形成武汉新能源汽车的全新产业链。如果进度快，一期生产线年底就可能开工建设。

新能源汽车"等待"政策配套

5万辆、500亿元——2011年，石俊给自己定下了"超超倍增长"的目标。不过，他坦言，新能源产业注定需要政策的配套。

纯电动汽车首先离不开充电桩和充电站的建设。石俊说："这一块，需要政府下决心逐步推开。不过，如果现在在公交系统内试点使用，应该问题不大。"

此外，纯电动车价格不菲，1辆车的成本价即在150万元至190万元，若加上一些特殊功能则造价更高。目前，国家对纯电动车购车用户，每辆补贴60万元。但国通青扬公司还需要地方政府对每辆车配套补贴40万元，才能更具有市场竞争力。

不过，最让石俊期待的，是政府扩大采购。他透露，全省公交客车有9.96万辆。而国通青扬公司制造的不到6000辆，市场占有率不到6%。反观其他城市，本地公交车制造企业在当地占有率都在60%以上。

"许多城市欢迎我们去参与投标，不过提出一个条件，最好是到当地投资，通过与当地企业合作就地生产。"石俊苦笑道，"这其实是一种变相的本地保护。"

他说："我们对自己的产品质量、技术很有信心。目前我们已有1万辆专用车订单在手，远超生产基地年产3000辆的规模。只要市政府稍微给我们'抵个腰'，在同等质量下优先采购，我们做到500亿元就能加快进度。"

别的暂且不提，石俊现在盯着两件事的进展：一是今年武汉要更换3000辆黄标车和黑烟车，二是有1000辆"十城千辆"新能源汽车采购计划。"我们希望能在这两大订单中有更大的份额"。

追寻百年后第一枪 精武鸭脖

精武鸭脖：
拐子们的集体"演武"

文/金军

此地本无事，枉叹过路人。

2011年1月25日下午2时33分，汉口精武路上一声巨响，原省医保公司的两栋宿舍楼仅仅4.2秒就刷刷拉拉地俯首称尘了。

砖墙倒地、尘云顿起的那一刻，精武路上陈酿八十载的酸甜苦辣也跟这牢固的建筑一样，在现代文明的震慑下随风烟去了。

次日，本埠各大媒体都争相报道，此次爆破标志着精武路的整体拆迁工作全面展开。

精武路上的街坊们没有时间去伤感，各家都自顾着处理拆迁补偿事宜，希望能落实个好去处。只有几个小伢惊叹于火药的强大威力，在爆破现场玩耍，搜寻着意外的"战利品"。

再走到跟前，哪个会想到，这条残破凋败的老街，正是把鸭脖子搞得风风火火的发源地。南至广东，北达黑龙江，各个角落都舞动着精武鸭脖的身影，全国人民因此都在"喜欢我就啃我吧"。据说，连一贯自诩东方美食教主的韩国人都慕名前来求教正宗的鸭脖卤制技术。

若干年后，不会有多少人知道曾经在精武路上围绕鸭脖闹的那场轰轰烈烈的"革命"，依稀记得的只有嘴角那一抹淡淡的回甘。

精武路拐子只是一个传说

讲精武路的故事，不得不说说武汉独特的民风。

文人说武汉是个植根于巷子文化的市民城市，武汉人会觉得这话听起来蛮绕人。说白了，老武汉人生在巷子，长在巷子，在巷子里混饭吃，讨的老婆也是哪个巷子里的丫头，最后老了还是由巷子里的街坊们送终，冇离开过巷子，也离不开巷子，就这么简单。

巷子是武汉城市生活的舞台，是武汉市民文化形成的载体。说么什武汉人市俗、喜欢串门、好凑热闹、邻里关系笃厚、讲义气等都跟这"一条窄巷牵万家"的建筑格局不无关系。一到夏天，每家端几张竹床到门口乘凉，整个巷子一下就铺满了，一个小伢可以从巷头的竹床上蹦到巷尾不落地的，那场景就是这个意思。

在老武汉，多少名街古巷曾经风起云涌、名噪一时过。如今，还能在全国闹出点名堂叫得上名号的老街也还有汉正街、吉庆街、户部巷和精武路等几条。

但是，像精武路那样在一件事上集中反映城市个性且把一个不起眼的东西做到极致的巷子，武汉绝无仅有，放眼全国，也难得扳出几根指头。

巷子闹得风声水响,自然得有那么几个拐子在那抻头搅浪。精武路也不例外。以前菜贩子当丢头的鸭脖子,硬是被几个拐子搞得名扬四海了,还被捧出了诸多"第一",

一百年前辛亥革命那第一枪是熊秉坤、金兆龙,还是程正瀛,或是别哪个么人放的,到现在还没有统一的官方说法,只说是湖北新军起的头。就跟那乱枪齐发的状况一样,精武路的"鸭脖革命"也是一场"群体革命",一场拐子们的集体"演武"。

武汉人就是这么喜欢板沙,大到关系民族命运的民主革命,小到做丢头的鸭脖生意,只要搞,就要铆起来搞,搞在人前头,搞得跟别个不同块。时过境迁,武汉人的个性,却从来都没有改变过。

如今巷子被高楼覆盖,巷子文化自然也渐去渐远,现在住楼房的小伢们哪还有邻里之间的情怀,更莫提打码头的那股匪气了。现在的武汉伢们,都说的普通话,时不时冒两句汉腔,也是夹生话,一点韵味也冇得了,听到大人们讲巷子的拐子时,就跟听上海滩的许文强一样,把个眼珠子鼓得老大。大人们只好拿出纸笔,用自创的书面语解释道:拐子,武汉方言,敬辞,意思为①对平辈年长男性的称呼,近似于大哥、老大的称谓;②有过惊世骇俗之举的值得敬佩的人。这里指的是第二种解释。

那拐子到底是么样子的咧?拐子气场非凡,逢到哪个屋里小伢哭闹,拐子站在街上,屏气凝神,大昂一声:闹么沙?!那被烟子秋了的嗓音像卷着风沙一样袭来,穿透力十足,把个糙子伢吓得躲在屋里大气不敢出一声;拐子也铁汉柔情,要是碰到女将们围在一起咵天,马上嬉皮笑脸地凑过去,一两句俏皮话,逗得个女同志花枝乱颤。这就是拐子。

就这么几年时间,已是恍如隔世。那精武路的拐子们,也跟"拐子"这个称呼一样,消失在了追名逐利的匆忙人群中,成为江湖中的一个传说——

汤氏起家,精武巷战群雄逐鸭

有次去上海逛南京路,发现有家精武鸭脖,门面不大,但生意奇好。来买鸭脖的人说,九头鸟不得了啊,把个废物做成美味,精武鸭脖真是湖北人的一大发明。

精武路得名于上个世纪30年代设立于此的精武会馆。总觉得这个故事讲起来带着一股江湖气息,想来跟这条街上有尚武的传统有关。

到底是巷子里哪个伙计卤的第一根鸭脖子,谁也说不清。都说精武鸭脖传奇始于姓汤屋里的两个兄弟,那就从他们说起。

汤家大拐子汤光山和二拐子汤腊九,是土生土长的精武路人。

93

街坊们口中的汤腊九是精武路的传奇人物，都说是个快活人，豪爽，讲味口，爱球，更爱玩。因为住在新华路体育场对面，汤腊九成了武汉最早的球迷。1993年在成都看球时迷上了一家小馆子的卤味，就花3万块在餐馆拜师傅学徒弟，琢磨卤菜技术和中药材配方。

回到武汉后，汤腊九舍不得用好原料试做，只在菜市场上将菜贩子卖不掉的5公斤鸭脖子买回来，把川菜中的"卤方"用在鸭脖上，创造出卤鸭脖，不想那味道出人意料的麻辣鲜香，还有嚼劲。

那年头，武汉人叫"鸭颈子"的东西，还仅仅是一些做体力活的人在路边靠杯酒小摊上买来当下酒菜的，上不了正席。汤腊九心里有得底，拿到夜市小摊上，一下全卖完了。于是他就在看球的时候，用筲箕装上自家的鸭脖去体育场门店卖，生意大好。

■ 汤光山

那年，武汉队刚冲上甲级队，球市不晓得有几火爆，不光武汉球迷追捧至极，连周边的黄石、鄂州等地的球迷每周末都是开着车子敲锣打鼓来助威，像接新姑娘的队伍。鸭脖一出锅球迷就抢倒买，碰上周末球赛，一天下来，能卖上一两吨，赚上万把块钱。球迷在看台上边啃鸭脖子边助威，湖北人的脾气碰到鸭脖的辣鲜，

■ 汤腊九（左四）和学员

那是火星撞地球的能量，武汉队的那些球员们也是格外卖力。这样说来，汤腊九算得上个足球事业贡献人物。

搭着火爆球市的顺风车把鸭脖生意做红了，汤腊九也冇丢好玩的习性。在鸭脖子赚到第一桶金后，他成了澳门各大娱乐场所的常客，因为次数频繁数目大，他是早年少数几个能进入娱乐场贵宾室的武汉人。汤腊九玩得大，也讲义气。有一次，他带着一百多号球迷去看球，为保护球迷勇夺持刀歹徒的凶器，血溅看台，事后缝了三针才好，一时传为佳话。

精武路地处闹市，人流来往频繁，南面出口一边是江汉区工人文化宫，一边是新

华路长途客运站,北面出口附近有家大型休闲娱乐场所,到江宫看电影跳舞的,去休闲娱乐的,都喜欢买几根鸭脖子当零食吃,一传十,十传百,不到一年的时间里,鸭脖子火遍了整个武汉。而那些买鸭脖在车上混点的外地客,也把鸭脖带到全国各地。

汤家兄弟开始成为小有名气的"汤师傅",常有明星找过来特地吃他们家的鸭脖子。说武汉人俗,但是他们又偏偏不趋附不逢迎。说是韩红初次来武汉,点名要见汤光山。他收钱卖货,连招呼都不打。那是十足的吊。

汤家生意好得做不过来,街坊们自然也不会闲倒。武汉毕竟是有打码头传统的,冇得哪个拐子甘心生意被一家赚干了。先来的又么样咧,哪个做得好哪个是王。街坊邻里打起了鸭脖子的主意。为了弄到卤料配方,据说,汤家的小工有人重金聘,汤家的卤料渣子都有人偷,就连为汤家配药材的药店老板,也会常有陌生人送礼上门,就这样街坊邻里有很多人对配方略懂一二,也能做出来跟汤腊九差不多的味道。

汤家一枝独秀的局面在1995年后被打破。

悄无声息间,不到一公里的小巷齐齐排排一下冒出差不多30家鸭脖商户,大多数是土生土长的精武路人。到了2000年后,精武路北面被修成了一条窄道,交通不便,加上流动顾客习惯就近选择口味和商户,汤家的店面生意平淡下来,开始转而主营鸭脖技术培训业务。而南面生意更加火爆,很快,南面入口处的吴继学"精武路第一家"和王松林"王松林精武"脱颖而出,成了精武路上的新拐子。据说,"精武路第一家"的生意好到连门都懒得装了。而"王松林精武"包下了香格里拉酒店、太子、小蓝鲸、艳阳天等本地各大酒店的供货,北京、上海等外地客商也是络绎不绝。

池氏助阵,巾帼不让领秀生活

真正属于鸭脖的时代即将到来。

讲到这里,实在绕不开一个人。景色再美,也需要好的画师把它的亮点渲染出来。她在描绘风景,她也成了风景。她就是池莉,武汉著名作家。女将也可以叫拐子的,跟"先生"一样,都是值得敬佩的人。

说精武路,说武汉鸭脖,就不能不说池莉和她的小说《生活秀》,是她和这部作品,让精武鸭脖走向全国,甚至扬名海外。

写于2000年的小说名作《生活秀》中,池莉把鸭脖子活灵活现地推向了全国,并借人物之口说出"鸭颈下酒,越喝越有。""鸭颈不是什么山珍海味,但是是活肉,净瘦,性凉……吃了鸭颈,添福又添寿"等饮食文化的精髓。

这部6万字的中篇关注"小市民生活的原生态",容量很大,深受读者喜爱并荣获第九届小说百花奖,还被翻译成外文在海外发行。

《生活秀》出版后,真正属于鸭脖的时代到来,作为武汉特产,进了各大宾馆和酒店,不少超市设立鸭脖专卖店,生鸭脖的进价开始上涨,卤成品的价格却随着飙升的销售量降下来,变成了10块3根。

池莉曾经说,在上世纪90年代,精武路做鸭脖的并不集中,没有形成气候。她当时在精武路上转悠的时候,只是想让小说的女主角有一样手艺能让人吃得回味无穷,虽然那条路上卖卤菜、做皮具的很多,但她最终选择了鸭脖,主要是因为它的独特。

2002年6月,根据池莉小说《生活秀》改编的电影《生活秀》在上海国际电影节获最佳影片、最佳摄影、最佳女演员三项大奖,随后又获华表、金鸡大奖,成为当时最火的影片之一。武汉"鸭脖子"借光得利,家喻户晓,迅速风靡全国。据说,女主角陶红在汉拍《生活秀》时,经常昂倒要去精武路吃鸭脖。

精武路上的鸭脖店主回忆,电影《生活秀》上映后,每到节假日,大批游客慕名涌到精武路买鸭脖,路口大巴络绎不绝,鸭店门口排起长队,"冇得办法啊,大家冲倒电影和小说来,认为这里的鸭脖才正宗!"

后来,《生活秀》又陆续改编成了电视、话剧和京剧,武汉的精武鸭脖品牌声名鹊起,一发不可收拾,成了武汉市一张文化名片。

对于精武路的发展,池莉表示,听说许多人靠做精武鸭脖赚了钱,自己很高兴,"这是意外的财富"。

■ 电影《生活秀》剧照

通过池莉的小说《生活秀》，武汉的"鸭脖子"居然在全国成为火红的庞大食品产业，进入了中国千家万户的生活，成为小说艺术介入并推动社会生活的一大奇观。

池莉不是精武路的，但是她对精武路和精武鸭脖的贡献，颁她个"精武路荣誉居民"一点不为过。

除了池莉之外，精武路也有本地产的世界级名人，奥运冠军李婷是其中之一。

2004年8月23日，奥运网球女双决赛，精武路人在电视机前看着这个邻家姑娘登上奥运冠军的领奖台。此后，他们庆祝了整整一夜。

一些居民回忆，当晚，大家兴奋得睡不着觉，自发筹款为李婷庆功，七块八块、十块五十，凑了近两千块，凌晨包的士到黄陂购买了300万响的鞭炮。"从早晨开始，鞭炮从街口一直炸到李婷家门口，炸了半个多小时。"

全国各地来的媒体和球迷，一边庆祝，一边啃鸭脖。

从《生活秀》到李婷奥运夺冠这一阶段，是精武鸭脖最鼎盛的时期。一时间，在全国吃界，冇得么什能出其右的。

吴氏反击，"精武门"前永不言败

人怕出名猪怕壮，一点不假。

精武传奇最浓墨重彩的一笔就此展开。

事情回溯到1997年。当年，正是精武路鸭脖红火之时，天津精武畜禽繁育科技有限公司却捷足先登，成功注册"精武"商标，核定商品为"冻肉、香肠、鱼片"等。

■ 吴继学（左）和公司CEO

上个世纪90年代中后期，精武路鸭脖商户考虑最多的是如何在激烈的竞争中站稳脚跟，关心的还是生存问题，并未意识到保护品牌的重要性。

2003年后，精武路上鸭脖生意做大了的商户们开始意识到商标的重要性，这才发现原来"精武"已经被注册。鸭脖老板们只得围绕"精武"做文章，先后注册了"精武路第一家"、"汉口精武"、"九九精武"等商标。

由于天津精武公司的注册商标中不含"鸭脖类"，而这家以养殖、加工为主要业务的公司，也从未涉足鸭脖生意。两地精武一时也井水不犯河水相安无事。

　　到了2005年，随着武汉精武鸭脖风靡全国，天津精武抢占先机，修改了商品范围，向国家商标局申请增加"精武"商标核准包括"鸭脖类"。如果天津精武拿到了"鸭脖类"注册商标，凡是带有"精武"字样的鸭脖企业、商户，都会涉嫌商标侵权。就此，津汉两地展开了一场拉锯战似的"精武之争"。

　　2005年10月28日，武汉精武人家鸭脖有限公司董事长吴继学带头站了出来，他委托湖北华中商标事务所，向国家商标局提出申请注册"精武人家"商标。

　　2007年，天津开始发难，武汉精武鸭脖遭到天津精武畜禽繁育科技有限公司"上门打假"，武汉零点公司生产的可可精武鸭脖、武汉樊口公司等成为重点"打假"对象。

　　2008年3月19日，国家商标局以武汉精武人家鸭脖有限公司申请的商标"精武人家"和天津公司已注册商标"精武"相似为由，驳回注册申请。吴继学再次委托华中商标向国家商标评审委员会提出复审。

　　2008年11月24日，国家商标局对武汉精武人家鸭脖有限公司商标"精武人家"的注册申请，再次以两商标相似为由予以驳回。

　　国家商标局在《关于第4967533号"精武人家"商标驳回复审决定书》中称："申请商标为纯文字，其完整包含了引证商标的主要认读部分"精武"，二者的文字构成、呼叫及含义相近，共同使用在同一类或类似商品上易使相关公众认为其存在一定关联，从而造成相关公众对商品来源的混淆和误认。""根据《商标法》第二十八条规定，我委决定予以驳回。"

　　至此，"精武人家"商标注册的行政程序彻底终止。

　　面对此事实，吴继学担忧地说："我们从小作坊到今天做了十多年，已经得到消费者认可。如果商标不被批准，可能意味着又要重头开始，这对我们损失很大。"

　　武汉精武鸭脖品牌到了生死攸关的时候。

　　武汉人就是不服周，哪那么容易屈服。

　　2009年1月，吴继学对国家商标局三年内两次驳回商标申请不服，遂委托中国商标事务所向北京第一中级人民法院提起行政诉讼。

　　管你是哪个，不在理的，都一样地告。

　　4月13日，精武人家有限公司董事长吴继学表示，这起案件个人起诉国家级行政机关，又是异地起诉，无疑增加了案件的难度。但是他们相信法院会给予一个公正的裁决。万一出于其他原因败诉，他也会坚决捍卫武汉鸭脖企业的权利，向最高人民法院起诉。

　　直到2010年3月8日，北京市高级人民法院传来二审判决，维持北京市中院裁决，武汉胜诉，武汉企业保卫精武商标最终获胜。武汉鸭脖老板们和天津长达4年的精武之争终于有个了结。

　　"精武"之争的胜利让精武路可以继续卖精武鸭脖了，全国商家也可以卖，经营品质不一、口味良莠不齐的"精武鸭脖"充斥市场。蜜蜂苍蝇都被放行。

　　面临这种窘境，精武路在迷茫中寻找着新的出路。

涂氏雄心，"航母"试水志远千里

　　一条小巷是无法承载一个有雄心的品牌的。而出路，总是为敢为人先者所开辟。

　　鸭脖子从小作坊走上产业化道路，说是黄陂人涂国华带的头。这个拐子有雄心壮志，不是个小富即安的人。

　　无陂不成镇，都晓得黄陂人敢拼敢闯，满世界淘金，更莫说是在家门口了，那个生龙活虎啊。

这里说起来有个小插曲。

据媒体报道：2003年春节后，武汉市副市长张学忙逛超市时，发现鸭脖子卖得特别好，觉得其中大有文章可做，决定亲自到精武路上调研鸭脖子行业状况。

张副市长一行视察了精武路上所有的鸭脖子店，可是每个老板的反应都让大家失望，大家对做大鸭脖子产业没兴趣，对目前的状况已经"十分知足"了。

涂国华的"汉口精武"是调研的最后一家，正准备出门的涂国华被大家叫住，店里人来人往不适合谈话，一行人便来到隔壁江汉区工人文化宫的保卫科。

保卫科房间不大，张副市长坐在板凳上，涂国华站在旁边。难以想象，这么非正式的场面将敲定一项宏大的工程。

"你愿不愿意做大？想不想搞标准化生产？"

"么样不想！"涂国华的回答让现场所有人吃惊，大家没想到，眼前这个黑黑瘦瘦的小个子男人，竟然有这样的魄力。涂国华汇报道，"我的鸭脖子卖到超市了，现在正在想么样把生意做大。"双方一拍即合。

随即，张副市长现场部署鸭脖子产业发展方向，涂国华的鸭脖子产业成为全市重点产业。

一年后，在黄陂武湖农场，涂国华的家乡，占地26亩的汉口精武食品工业园拔地而起，园区建筑楼顶搭建着"汉口精武——中国鸭业超级航母"的标语，霸气十足。这个工业园的建设全部按照食品行业规定，不仅有宽敞明亮的食品操作间，还有专供参观的特别通道，严格食品质量安全管理。

涂国华开始把鸭脖子赶上生产线，彻底改变了黑汗水流围着炉子卤制鸭脖的景象。

■ 涂国华

随后，他又花200万元，请来电影《生活秀》的女主角陶红做形象代言人，推出真空包装的鸭脖及鸭系列，实现了精武鸭脖从街边卤菜到休闲食品的转型。

鸭脖子不再羞羞答答地躲在背街小巷，活脱成了大家闺秀，落落大方地展示着自己的妩媚。

近年来，涂国华的汉口精武食品工业园有限公司一年一个新台阶，一年一个大跨越。2008年，公司被国家八部委认定为国家农业产业化重

点龙头企业。

2009年3月27日，省委书记罗清泉考察汉口精武，提出"把汉口精武做大做强，做成中国的品牌，世界品牌，带领全省水禽稳步健康发展"。

3月29日，调研汉口精武后，省长李鸿忠说，他对湖北鸭产业后来居上充满信心。

省委省政府提出了"把汉口精武打造成中国鸭业航母，以汉口精武为龙头，在武汉市城市圈实施亿只鸭工程，带动全省肉鸭产业快速发展"的重要指示。

省政府和武汉市政府多次召开"关于实施汉口精武亿只肉鸭产业工程"的专题会议，对项目实施有关事项进行研究，并形成了武汉"1+8"城市圈"亿只鸭工程"总体目标。

高层密集的动作，彰显了湖北壮大本地肉鸭产业的决心，也鼓舞了涂国华的斗志。

"作为这项大工程的主体、龙头企业，我们深知肩上责任重大，丝毫不敢松懈，但我们捧诚心，下决心，有信心！"涂国华的话语铿锵、掷地有声。

在省、市政府的支持下，汉口精武依靠资本的张力，实现规模经营，相继在黄陂武湖和崇阳建立了系统的配套的鸭产业基地和加工厂，实现了鸭产业生产、深加工和销售完整的产业链，并成功地在全国建立了畅通的营销网络。

目前，汉口精武公司有五个加工园区，占地5000余亩，总投资达9.8亿元，具备年屠宰亿只肉鸭、年深加工10万吨水禽熟食制品和年加工水禽饲料30万吨的能力。而国内一流的鸭类精深加工中央园区也正在建设中，预计2011年10月投产。该项目投产后，武汉将成为我国最大的鸭类产品加工基地、科研基地和物流配送基地。

此外，汉口精武公司已经通过参股、控股和合作等方式，在武汉城市圈全面实施"亿只鸭工程"，带动了全省肉鸭养殖、加工、饲料、羽绒、包装、运输等产业"一条龙"发展。

"汉口精武"正奏响着"劲舞龙头，打造中国鸭业航母"的战斗号角。涂国华，正是这一号角的吹奏者。

缘续

随着拆迁的深入，精武路城中村即将消失。拆迁工作完成后，地块将移交给武汉市土地储备中心，随后被挂牌拍卖。

这么大一片土地，拆了以后将建设什么？根据武汉市国土资源和规划局公示的土地储备规划，未来精武片，将开发成一个融商业金融、行政办公、文化娱乐、居住、中小学用地等为一体的高档商住区。

在交通方面，根据规划，原来的精武路将从一条小巷子，拓成双向四车道道路，另外将新建至少3条从江汉北路直通新华路的通道，并配建两条垂直路，在解放大道—江汉北路—新华路合围三角地中形成至少8个互通出入口，这一带的交通压力将有所缓解。

蓝图令人欣喜。

城市化进程正以不可阻挡的势头向前推进，武汉人的生活也必将获得极大的便利。

城市的容量必定有限，获得的同时也将失去。某个夏日的午后，坐在新落成高楼的落地窗前，俯视对街的新华路体育场，翻开池莉的《生活秀》，勾起对精武路的回忆，用尽全力拼凑的只是碎片，感受到的却是另一个时代的精彩，难说亲近，比较陌生。

而在别处，精武鸭脖还在续写着传奇。

资料来源：
1. 小作坊起家：话说武汉"精武鸭脖"传奇起源，武汉晚报；
2. 传奇的武汉精武鸭脖大揭秘，凤凰社会锵锵杂谈；
3. 当事人细说"菜刀事件"始末 汤腊九：主角是为复仇，武汉晚报；
4. 汤腊九，博锐管理在线；
5. 精武轶事，大武汉；
6. 80年精武路前世与新生 迁址重建说不完的故事，楚天金报；
7. 武汉精武鸭脖走进小说影视 展示武汉人生活特色，荆楚网；
8. 80年武汉精武路拆迁 未来待建高档商住区，楚天金报；
9. 五大"药方"保卫一根"鸭脖"，汉网；
10. 武汉精武鸭脖官司赢了市场乱了 胜诉后路在何方，汉网；
11. 涂国华：打造中国鸭业航母，汉网；
12. 涂国华：第一个让鸭脖跑上生产线，汉网；
13. "亿只鸭工程"唱响"汉口精武"大品牌，荆楚网；
14. 涂国华：办工业园生产鸭脖，武汉晨报。

追寻百年后第一枪
人保财险

人保财险：
创新从武汉走向全国

文/陈静

几年前，农民地里种的庄稼都是听天由命，直到中央的政策性"三农"保险险种开始在少数城市试点，占全国人口2/3的农民人口有了抵御"天灾人祸"的盼头。

试点重任

2010年7月12日，江夏区安山镇山巷村的王老汉遥望眼前一片汪洋，满眼愁。

王家几代人以种植水稻为生，这几年收成马马虎虎，今年春天，刚添置一台收割机，如今却只能搁置在院里，等明年再用。

连续下了好几天的暴雨，刚开始还求老天爷保佑，眼看这100多亩地被淹得一点儿水稻尖都看不到，王老汉嘴里不断地念"可惜了，可惜了"。

江夏区安山村和马安村也有很多"王老汉"，往年，只能认命，今年情况不同。

暴雨一停，山巷村就来了一支车队，车上印着"PICC"字样，王老汉是第二次见到这些车，上个月刚来过。

上次来的时候村书记还专门找到他做思想工作，为自家100亩地的水稻投保，政府承担75%，他只交了350元保费，交这钱的时候王老汉还不情愿，这下100亩地的水稻全部受损无法存活，350元换来了20000元的赔付款。

灾害发生后，人保财险立即启动一级响应重大灾害理赔应急预案，成立抗击暴雨洪涝灾害指挥部，安排部署防灾抗灾和查勘理赔工作。

"三快"是人保财险的工作要求，即快查勘、快定损、快支付。

人保财险武汉分公司相关人员回忆道："得知受灾的第二天，我们出动20多台车，甚至连员工的私家车都全上，先后组织了100多位查勘定损人员奔赴现场，比当地政府还快，后来政府、媒体了解受灾情况都是问我们要的调查数据。"他们对每例受灾现场的细节总是记忆犹新。

2010年，武汉市开办的中央省级政策性"三农"保险的5个险种，包括：水稻、能繁母猪、奶牛、农房、农民工意外。不光地里的庄稼，猪圈里的母猪，就算农民所住的房屋突然倒塌，也能获得赔偿。其中，民工意外保险是武汉在全国的首创。至今，人保财险是省内唯一承办政策性农险的保险公司。

"PICC"6月份刚从江夏区收到723万元保费，7月27日在武汉市江夏赔付第一笔水稻保险赔款后，于8月8日将江夏纸坊街道的水稻保险赔款共计71735元送到受灾农户手中。

最后的勘察结果显示：仙桃市、江夏区、黄陂区、新州区和蔡甸区等郊县的水稻都有受损，江夏区降雨量更是达到了700多毫米，居武汉市之首。该区承保的政策性水

104

稻保险10万余亩水稻严重受灾。

　　早在2007年,人保财险便率先开创了湖北省地方试点险种5个,包括芦笋、小龙虾、玉米、西甜瓜、钢架大棚,今年增加到6个,新增项目为辣椒,为"三农"提供132.25亿元的经济后盾。

　　"针对'三农'新创险种的路子我们会坚持走下去,农民的一亩三分地对于我们而言可能才一百来块钱,对于农民而言,那就是'天大的事',要以对待'天大'的事的态度为农民定制险种,才符合'人保财险保护人民'的宗旨。"

35万黄陂外出农民工投保

　　除了为"三农"保险增设险种外,人保财险与政府"谈判",为武汉农民工争取到全额保险的事在全国造成极大影响。

　　那是2005年,人保财险从各区街道办事处的外来务工人员统计中了解到,每年都有不少外出务工人员伤亡却又无钱医治的情况。人保财险对政府提出将为农民工提供保险服务的想法,争取到政府的支持,政府为每位外出务工人员缴纳5元钱的保险金,

■ 什么叫受灾?要扎个猛子下去才能捞到泡烂的水稻苗,你从这农民的眼中读到了什么?

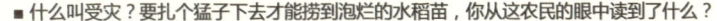

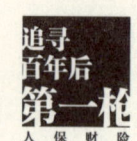

■ 江夏区纸坊街道办为人保财险江夏支公司送感谢匾　　■ 人保财险相关负责人到安山镇安山村送赔款

其中包括意外伤害最高保额达到3万元，意外医疗保额为5000元。当年光黄陂区就有20万农民工受保，今年，黄陂区有35万人投保。

小艺18岁那年外出打工，在一家服装厂做流水线工人。2006年春节返乡与家人团聚，途中乘坐的小巴被一辆货车撞翻，小艺右小腿骨折，身上多处擦伤。小艺在外打工不到半年时间，没有存款，家中经济拮据，平时家人有个小伤小病的从来不肯上医院花钱治疗。

事故后小艺小腿骨折，不送院治疗恐怕难以康复，送院治疗又会给家庭带来经济负担。正当不知所措，小艺打工所在的街道办事处和人保财险的勘察人员找到了她。了解伤情评估定损后支付了全额医疗费。

不光是在工作中，在返乡途中受到意外伤害也能获得赔偿，这是人保财险对农民工的特别照顾。

时至今日，已是政府为农民工投保的第6个年头，人保财险武汉分公司总经理刘方明说："我们争取的这个为农民工兄弟投保的项目，每年都略有亏损，最多保本，尽管如此，我们也会坚持做下去。你可以把保险公司理解为社会不和谐因素的减压器，农民工是弱势群体，要是我们都不关注他们，就没人会去关注了。"

■湖北保监局统研处工作人员与人保财险武汉市分公司的领导看望程志威,小两口的日子过得红红火火。

武警、公安的保护者

我们熟悉的人群中,还有一群人看似强者,实际上很不安全——武警消防官兵和公安干警。

他们保护人民安全,却没有人敢为他们的安全担保。

2006年2月12日元宵节,是团圆的日子,对武汉市消防支队江汉中队指导员程志威和他的家人来说,却是个终身难忘的日子。

这天夜里,汉口楚宝巷一民宅因有人放焰火,引发大火,火势凶猛,大有联营之势。

和以往一样,程志威带着队员第一时间赶赴火灾现场。

战友驭着水枪,爬到火场高处灭火,突然失足从房顶摔下,程志威毫不迟疑地伸手接住战友,以致他没有直接摔到地面,保住了性命,而程志威自己的头却开始喷血,原来在战友跌落期间,水枪脱手砸中其头部。此后,程志威头部的伤口一直未得痊愈。

7月21日上午,程志威因术后颅内发炎、化脓,再次到同济医院接受手术治疗。

程志威的妻子邹萍因此事故受尽了精神折磨,"当初嫁给他的时候因为是消防员,我做好了随时可能发生意外的心理准备,等到真的发生意外时,还是接受不了这个现实。"

她几次试图为程志威购买人身保险,但由于消防员属高危岗位,需要支付的保险费是正常保费的5倍还要多,个人根本无力购买,何况一般的保险公司还不愿意接受这样的保单。后来才知道政府早就出资为消防官兵战士统一购买了人身保险,她这才松了口气。

邹萍回忆:当年,事故发生后,人保公司第二天就把保险金送到了医院,解了燃眉之急。

程志威无悔当年舍己救战友的选择,只想尽早回归部队。

"高危"向来是官兵的后顾之忧,也是保险业的禁足区,从2005年开始,人保财险武汉市分公司以省委省政府为消防官兵办实事为契机,独家承保了武警湖北省消防总队官兵人身意外险。

这个项目每年承保人数5226人,主要承担包括消防官兵抢险救灾伤亡,日常生活中的意外伤害以及机关干部交通等人身意外伤亡及医疗费用风险,至今独家为25000余名公安干警及其家属提供保险保障,这类项目的承保是人保财险在全国的首创。

刘方明说:"只有保护好这群和危险斗争的战士,百姓才能安居乐业,这群最可

■ 2009年12月2日,武汉游客泰国遇险,12月3日,人保财险武汉市公司迅速将预付赔款19.25万元送到在泰国遇难者陈定山的女儿陈妮手中。

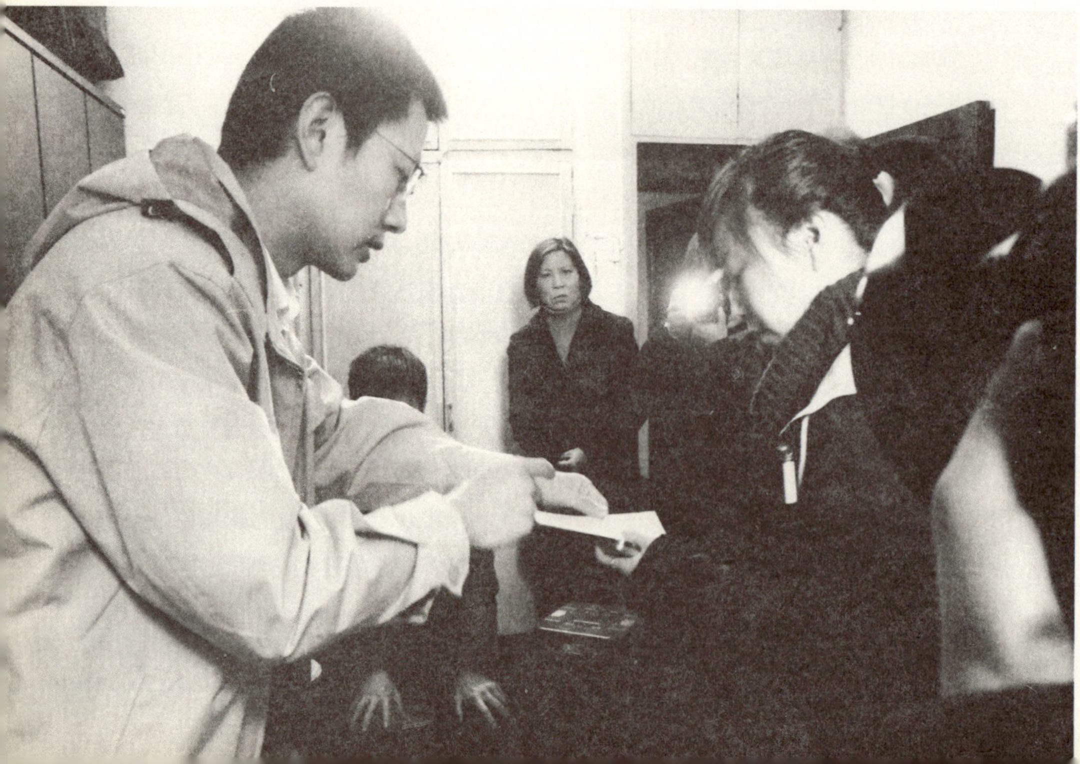

■ 环境污染责任险签约仪式

■ 六城会唯一保险服务商

■ 全面开展政策性农业保险

爱的人应该被社会加倍保护。"在保险行业，没有人敢逆行业规则而行，没有人愿意承担如此大的风险，唯有人保财险敢做，愿意做。

贴近，贴近，还是贴近

在百步亭小区里，开设了一个人保财险的服务点，随时跟踪服务。刘方明常预言："保险服务点走进社区，贴近投保人是将来行业的发展趋势。"

对投保人的保护，越贴近越好，勘察、赔付越及时越好，在危难之后，谁能最快来到受害者身边，谁就能抢占更多的保险市场。今年，人保财险推行"社区保险服务站"建设，大江园、南湖花园等十多个大社区的保险服务点很快建立起来。

"坐在家里就能投保，足不出户就能理赔。"缩短与投保人之间的距离，精简投保服务程序，人保财险开通了400123467全天候24小时电话投保服务和网络销售服务，理赔服务标准化，理赔形象、流程、赔付时限以及索赔资料规范一致，实现服务标准化。

除了危难之后的及时赔付，尽最大努力缓解投保人的经济、精神压力外，能不能将危难"扼杀"在萌芽状态？针对这个问题，人保财险开发出一项规避事故的服务——酒后代驾服务，一经开发，立刻广泛运用。

"保险项目要根据中国的国情调整变动，才有可持续的生命。"专门设计开发的科技保险、环境污染责任险、校园方责任保险、医疗责任保险、治安安全责任保险、小额农贷保险、助学金贷款保险等都是国情使然。

【相关链接】

中国人保财险，也就是中国人民财产保险股份有限公司，是中国人民保险集团旗下的非寿险核心公司，经国务院同意、中国保监会批准，于2003年7月由中国人民保险集团公司发起设立，注册资本111.418亿元。

中国人保财险前身是1949年10月20日经中国人民银行报政务院财经委员会批准成立的中国人民保险公司。至今六十余年。

2003年11月6日，公司在香港联交所成功挂牌上市，打响中国内地大型国有金融企业海外上市"第一枪"，目前，是中国内地最大的非寿险公司。

·现状

人保财险武汉市分公司是中国人保财险在武汉市的分设机构，目前内设机构14个，下设机构23家。

作为武汉市场份额最大的财产保险企业，公司具备承保航空航天和核电等特殊风险的能力，参与了中国商业卫星发射联保体，并先后独家或以主承保人的身份承保了东航武汉公司、长江汉江桥梁联保、武汉地铁、武钢集团、东风汽车、神龙汽车等众多省内重点建设项目和大型工商企业。

目前,中国人保财险是武汉市场份额最大的财产保险企业,多年的规范化经营,使公司实力雄厚,积累了丰富的实践经验,造就一大批优秀的保险人才,赢得良好的市场声誉。

2008年公司保费规模突破10个亿。2010年保费收入突破16亿元。

2008年6月26日,国际权威评级机构穆迪公司授予公司中国内地企业最高信用评级A1级。2010年,公司保费突破1500亿元,实现历史性跨越,在全球上市保险公司非寿险业务排名前10位。2011年7月中国人保再次进入世界500强,排名288位。

作为中国人保财险在武汉的分支机构,武汉市分公司于2003年底在原"三司两部"基础上重新组建的副省级城市分公司。现有内设机构15个,下辖营业机构23个。

截至2011年8月底,各类用工1212人(未含个代合同),其中正式在编人员705人,非正式在编人员507人,在编与非在编占比为58∶42;正式在编人员中,机关本部185人,支公司520人,分支公司正式员工比例为26:74。

多年来,中国人保财险自觉把自身发展融入经济社会发展全局,在积极承担社会责任中把握发展机遇,在服务和谐社会和新农村建设中开拓市场,探索出了企业发展与社会责任紧密结合、经济效益和社会效益相互促进的新路子。公司积极配合国家及地方政策的实施,为"转方式、调结构、惠民生"提供有效保障,在承办财政补贴型农业保险、参与医疗保障体制建设、开展高危行业生产责任险及社会治安综合保险等方面发挥了独特而重要的作用。

中国人民财产保险股份有限公司武汉市分公司,是建国后武汉市规模最大、机构网点最多、实力最雄厚的财产保险公司,公司拥有充足的资金实力和亚洲最大的非水险再保险合同,逐渐建立起成熟的风险管理和理赔处理机制,在大型工程和复杂项目的保险方案制定、大案应急处理等方面更具优势。公司先后成为2008年北京奥运会、2010年上海世博会保险、广州亚运会保险独家合作伙伴。

·业绩

2008年,全市系统实现实收保费104491万元,完成年计划的107.95%,同比增长25.4%,在武汉公司历史上实收保费首次突破10亿元大关;2009年实现实收保费142152万元,同比增加37230万元,增幅为35.36%,完成年计划的118.38%,公司提前两个月完成全年保费收入计划;2010年,全市系统实现保费收入161409万元,完成年计划的107.40%,同比增加24061万元,增幅17.52%;2011年上半年,实现保费收入100778万元,完成年计划的54.89%,超时间进度4.89个百分点,同比增加10657万元,增幅11.83%。

·责任

　　人保财险积极履行纳税人义务，三年来累计缴纳各类税款近3亿元，2010年全市系统缴纳各种税款9264万元，同比增长18.57%，代收车船税7218万元，同比增加40.3%。

　　公司响应安排再就业的号召，通过招聘各类用工人员，提供就业机会。2008年至2010年，全市系统共招聘学生、下岗人员共400多人，并组织技能培训和岗前培训，解决了部分劳动力谋生和致富的问题；力所能及地开展各项社会公益活动。组织全市系统员工向甘肃玉树地震灾区献爱心、捐款活动，共募集善款34890元。此外，公司及其员工先后10多次向不同机构和人群提供赞助、资助和捐款，累计金额达40余万元。

追寻百年后第一枪 刘纯啟

刘纯啟：
"免费公共自行车"的武汉印象

文/周世龙

再过些年，人们或许不会因为开着一辆拉风的轿车而沾沾自喜——更不会因为幻想它变成威武的钢铁巨人而整日陶醉——"变形金刚式"的后工业化的尘埃消散了，安静、安定、绿色的生活理念渐入人心。

2009年，一个叫刘纯啟的男人，在武汉构建免费公共自行车系统，开始了他人生中最大的事业和追梦。

这一工程，是武汉的一种初次试水，也在几年之间，成为这座城市的标签之一。

鑫飞达（刘纯啟运营公共自行车项目的公司）初期介入6个中心城区和2个开发区，从2009年5月1日第一批66个站点陆续铺开，到当年11月30日，刘纯啟投资8000万元，承建748个公共自行车站点，投放自行车20000辆，发放办卡申请表100万份，办卡30万张。为300万市民提供服务。

到2011年年底，武汉公共自行车站亭数量增加到1218个，车辆数增至70000辆。

2009年问刘纯啟，他定会自信满满告诉你，正在一步步铺开没有开放的公共自行车站点，"一卡在手，通城通借"的预言"一定会实现"。

三年后，你再问刘纯啟，他还是说，我的目标，是建最大的"绿色自行车王国"。

梦未变。

武汉先行

2011年，辛亥革命百年，首义的武汉，依然产生先行者。

历史的车辙碾尽每个角落，让它在百年内发生了巨变。

今天，曾经骄傲的中国金融中心汉口正在北迁，武昌已然是人文汇集之地，汉阳的武汉经济技术开发区，4个千亿产业助推这个中部老牌重工业基地疾行。

黄鹤楼、琴台一遍遍提示着古老文化，钢铁巨龙横贯南北，至今仍强力承载了武汉三镇交通，轻轨兴建让"城中心"概念扩大了好几倍——古今交叠，城市速扩，携一股厚重灵动之气，跨越百年——"大武汉"从未脱离大历史视线。

在这一城，搞免费自行车工程，刘纯啟想好了吗？

2008年，鑫飞达公司就开始跟政府相关的部门一起开展两型创建，在两型机关、两型学校、两型社区方面，做了一些调查与研究。

2009年武汉市政府20号文件——《关于加快推进便民公共自行车服务系统建设的服务意见》出台后，刘纯啟参与了工程的招标和投标。

工业化、城市化进程加快，经济建设发展速度激增，能源的过度开发，环境的污

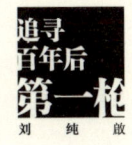

染，给生存发展带来许多负面影响，已众所周知。

保护环境、节约能源、绿色生产、生活不断被意识到和提及到，让刘纯啟觉得，这个事，是个生意，更是一件对每个普通老百姓有利的大好事。

或许在这之间，刘早找到新事业平衡点。

公共自行车在欧洲虽已实施多年，在中国，还是新鲜玩意。

中国城市化进程神速，一系列问题伴随其中，武汉例证有其典型性：比如汽车工业增长同道路建设和管理能力缺位等等矛盾——免费自行车是不是有助于问题的解决？

喊"绿色"、"低碳"那么多年，什么时候能真正开始呢？

2009年，武汉市公共自行车项目上马。

是年年底，被武汉市政府列入为民办的"十件实事"之一，到2011年已连续三年。

刘纯啟其人

眼观今日，刘纯啟被称最多的是"掌门人"。

江湖意味，可见一斑。

武汉免费自行车公共服务系统，是名副其实的政企联合产物，其运作模式、全凭探索。

刘回忆，十年前做汽车减污处理器生意，投资了五、六百万，但那时中国汽车工业刚刚兴盛起来，人们的环保意识还不强，事情夭折。

他"从来不后悔"。

刘纯啟，十三、四岁弃学从商，为的是摆脱贫穷。

自认为读书不多，很多经验和感受都是从生活、工作中得到。

创业，对他来说更多的是享受的过程。年近花甲，"身体状况还是40岁，思想是30岁"。

"还想继续做喜欢做的事，一直到做不动为止。"

2009年，刘纯啟号称要做自行车的时候，有人问，投入这么多，会不会收不回成本？

刘表示，工程投入一直都在承受范围内。"舍"与"得"是一种文化，要想成功必须要先"舍"。

他还说，资金链不断，不管投入多少，不管做什么，稳放第一，"四十多年来永远站着做事"。

"我总认为人有500万下半辈子就够了，多的就是社会的了，投入到办企业之中就是为社会创造更多价值。"

公共自行车项目上马投资上亿，解决2000人就业，提供几万辆车。

"就算不能成功，倾家荡产，我也无怨无悔，因为我还有口碑、朋友、我所积累起来的社会资源，我可以东山再起。我的孩子们都大了，基本上没有负担，家庭也很支持我，所以我心里很踏实，能一往无前地坦然地做这些事情。"

政府"催生"

早在2008年9月，阮成发市长在一次大会上，提议各个城区可以试点投放免费单车，破解"最后1公里交通"。

那时，刘纯啟正在硚口区银河小区投资建设全国第一个节能环保社区综合示范服务站。在和硚口区政府共建两型机关过程中，捐赠了50辆自行车，供机关干部短途办公使用。

市长讲话进了刘的耳朵，提醒了他，为什么不把自行车工程继续做大？

随后，刘立即启动了调查研究工作，且承诺"不掏国家一分钱来做这事"。

"有很多朋友劝我别犯傻。但是你知道，吃亏是福，当时武汉开始建设'两型社会'，光靠领导吆喝不行，我们底下的人都动起来才行。"

公共自行车方便人们的短途出行，提高道路资源利用率、缓解城市交通压力，还能起到节约能源消耗、强身健体的作用。

同时能够有效缓解因家庭自行车保有量过大，而造成的重复占地、费用高、失窃严重等系列社会问题。

责任论

当年，刘纯啟在接受采访时提及"责任"时表示，个人责任分为三个阶段。

第一，在初始阶段，应承担自身的和家庭的生存责任；第二阶段，成立公司后，将这个企业做大做强，承担着一个企业的团队的责任；第三阶段，发展壮大的企业应当是一种社会责任。

耳熟吗？

不少民企老板都这么说，可能远没有刘干得这么彻底、高调。

当时他对2010年做了一个规划，认为：由市政府来决定，企业来执行，便民公共自行车的项目在2010年会继续列为市政府十件实事之一。

此外,政府会加大站点建设和自行车的投放力度,可能辐射的范围还将继续扩大,甚至扩展到远城区,而这些由政府决定,企业来参与和执行,力求把这件好事落实。

在运行的过程中,不可避免的会出现诸多的不合理的状况,这也是刘之前就预料到的,他自信道,"困难是正常的,也是暂时的"。

比如,项目一经推出就收到社会各界的好评和认可,市民参与的热情和积极性很高。

办卡难、接点难、租车难等问题接踵而至。

这些困难背后,透露出一个巨大的矛盾——市场供求不平衡。

武汉市有890万市民,当时仅仅只有800多个便民自行车的站点,2万辆自行车,远远低于市场的需求量,如何解决?

大伙认为,这个事情需要一个过程。

"市政府也做了一些规划,"刘纯啟说,"预计在3—5年后,武汉市将是全球最大的便民自行车服务城市。"

商业+公益

2009年的世界无车日，武汉市200名身穿统一服装、骑着绿色公共自行车骑行沿江大道的队伍，成为市民热议的对象。

这一活动的发起方，正是鑫飞达。

刘纯啟在当时披露，武汉市一共建站了619个，覆盖6个中心城区和2个开发区，前期投入已达5000多万。年内便在江西南昌、安徽池州建站，包括四川成都等地拓展。目前，这一模式已经在湖北省内的宜昌、孝感、洪湖、荆州等地建立站点，并逐步向"1+8城市圈"拓展覆盖，实现湖北省内"一卡通行，通借通还"。

公共自行车项目一直被定为"公益+环保+免费"的惠民工程，这是一种公众品牌，不能使其商业化性质太浓厚。

但为了盈利，刘打算与环保企业、产品形成合作，现场展销、宣讲，跟上游的两型企业合作，为他们提供一个两型社会建设的窗口和产品展示的一站式的服务平台。

上为政府服务，中为合作者服务、厂商服务，下为民众服务，整合营销+人性化服务。

刘初步设定了营销策略。

鑫飞达毕竟是个企业，企业是逐利的，这项政府公益工程和民企的跨越式"嫁接"到底能生出怎样一个果，一时无人可知。

作为武汉市的一个公益项目，鑫飞达起到的是承接政府与市民的一个桥梁的作用，刘纯啟的目标是，不要政府拿一分钱，也不要老百姓花一分钱。

据了解，鑫飞达主要通过租售广告牌位来获得收益，但广告牌位也必须与环保主题相关，从某种意义上来说，这是一种新传媒的概念，但它是与传统模式有所不同的大营销、大思路、大战略。

刘纯啟曾强调，与其合作的广告客户，一定要支持公共事业，这样在投入广告的同时还收获了更多的附加值。

"你做的是对整个社会都有益的事，整个武汉市民都会感谢你，你收获的就不仅仅是广告价值，知名度和美誉度一下子都提升了。"

他将之称为"1+10"的模式——买一项产品，能给客户十项附加值。

要首创、唯一、第一。

要进入一个新的领域，吸收已有的精华的部分，加上自己独特的方式、运作手法，要寻找行业的差异化和自身的核心竞争力。

优势

荣耀加身,刘纯啟坚持的头一年,钱却出多进少。

政府看着,市民看着,他只有前行。

"每天10万人次受益,想想我们吃的亏,不算什么。"刘纯啟在2010年还说,"阳光就在风雨后。"

曾经分析过,国内公共自行车项目,有两种比较可行的模式,一种以政府投入政府主办的"杭州模式",另一种就是自己创造的,以政府授权,企业运作的"武汉模式"。

刘认为,政府在企业的依托下发展公共事业,既得话语权,没有将公共事业完全交给市场,又发挥了市场的灵活性,将有限的资金利益最大化,起到"四两拨千斤"的作用。

在此之前,鑫飞达与硚口区发改委一起建了个"鑫飞达两型生活服务联盟",首创"政企联手"运作机制,通过共同开展两型示范创建,在社区设立"节能环保主题超市"连锁机构,推广绿色环保产品,建立新型废旧物资回收加工体系。

该项目很成功,也因此被列入武汉"社区循环经济示范专项"。

119

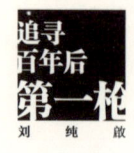

"在这里得到的经验,完全有可能应用到公共自行车领域。"刘纯啟想。

依照计划,第二年江城公共自行车总数量会达到40000辆。

这一数字当年无从考证,但可喜的是,2011年,也就是项目上马的第三年,车辆数达到了50000。

对于"3—5年,在武汉少见到杂牌自行车,遍布绿色自行车"的目标,刘纯啟想必已做到一半。

疲态?

2011年年初,全国"两会"期间,中央政治局常委、中央政法委书记周永康与湖北代表团在人民大会堂座谈时,主动提到并表扬了武汉的公共自行车,"我知道,武汉的公共自行车做得很好,已经达到了5万辆,这在全国是很领先的。"

与之鲜明对比的是,这年年初,武汉公共自行车诸多问题都备受市民诟病:

无车可借成常态,霸车现象愈演愈烈,坏车不能及时维修,公司规定在管理员当中不能得到执行,站亭管理员忙于商业销售不务公共自行车主业⋯⋯

鑫飞达也因此陷入各种麻烦之中,项目前景险象环生。

5月30日,针对群众反映最集中的十大突出问题,武汉市公开作出整改承诺:3个月见成效,半年根本好转——"免费自行车服务水平及自行车道缺乏问题"被列入当年十大突出问题之中。

不少人认为,管理遍布三镇的公共自行车系统,难度非常大。而且刘纯啟和他的鑫飞达作为民营企业,"没有任何现成的模板可以直接套用,一切都得摸着石头过河"或许是最直接的原因。

刘本打算,"以三年为投入期,三年之后实现盈亏平衡",但在2011年5月,刘在接受《鄂商》杂志专访时坦陈:"效益不是很好,目前还有一定缺口。"

据该杂志获取的数据显示:"2009年至2010年底,注册资本3000余万元的鑫飞达集团,在建站、购车等硬件设施上的投入已超过一亿元。每天的基本支出在10万元以上。而自运营以来,公司站亭广告收入,还不足运营维护成本的一半,距离盈亏平衡还很遥远。"

并且,2010年,鑫飞达自行车站亭数量依然按照计划,发展到了1118个。

这一年,政府也加大了补贴力度(每建设一个标准化站亭,政府补贴10万,车辆补贴也增加到100元,而在这之前,站亭经费是鑫飞达一力承担),从侧面印证了刘纯啟的日子确实不太好过。

而媒体连日来对"借车难"问题的连续报道,更是令其四面楚歌。

他要怎样过关?

闯关

刘纯啟首先要破解的是"霸车问题"。

之前的借车系统,是把车钥匙和感应卡分开,一些市民将感应卡还了,钥匙留着,长期违规占用自行车——称为"霸车"。

由于缺乏约束,鑫飞达投放市面上的新车被"霸"现象严重。鑫飞达对外宣称已经投放的近50000辆免费自行车,但许多管理员都表示,20000号以上的车都很难看到。

"有站无车"亦非常普遍。

"这造成了一种恶性循环,霸车;车的数量变少,车辆使用频次增大,车损耗大,坏车增多;车更少,车难租;更多霸车。"刘纯啟无奈。

之前,武汉公共自行车没有门槛,没有押金,因此缺乏约束机制,没有违规的成本,在法律和制度上不能进行约束和处罚;在经济上,也没有约束。

即便是"锁卡"对霸车者也丝毫不能起到震慑作用。

其次,老式借还车系统存在漏洞,比如:卡和钥匙可以分离,这样无形之中就给霸车者提供了条件。

鑫飞达在查处霸车问题上,也没有执法权,缺乏制约和惩处措施。这在一定程度上导致霸车行为难以禁绝。

此外,为切实解决霸车问题,从2011年7月开始,租车卡进行全面升级。

持武汉市身份证的本市市民、在校学生（学生证）、驻地军人（军官证），凭本人有效证件原件及复印件，交纳300元诚信保证金办理卡升级；持非武汉市身份证的非本市居民需交纳400元诚信保证金；低保户凭证件交纳200元诚信保证金即可办理卡升级手续。此次卡升级，主要避免不文明租车行为。

"办理卡升级的保证金，我们不会要一分，这与免费的理念并不冲突"，他表示，并不是提高门槛，新制度推出以后，可以增长车辆的使用效率。对真正想租车的人将更公平。

治愈"政企联合"之伤

"霸车"暂时解决，麻烦却不止这些。

曾经让刘纯啟引以为豪的"模式优势"开始渐渐显露出它的弊端。

有人说，建设公共自行车系统这件事，企业是市场行为，政府是公益行为，难就难在怎样找到两者的均衡。

这一说法在"霸车问题"解决的纠结过程中得到了证实。

刘纯啟说，如果单纯从商业的角度，完全有办法解决很多问题。但鑫飞达的一些操作是多重性的，既代表政府，又代表社会，还代表企业，所以有很多东西都需要顾及，有时还必须获得相关部门的批复同意，才能实施。

鑫飞达的资金运营情况、车辆投放量等，一直处于市财政局和城管局监控之下。

某些时候，项目是在政府扶持和政府监管之间走钢丝。

2009年，鑫飞达本打算采取与农业银行的信用卡绑定的形式发行租车卡，后应市民要求，改为诚信卡租车。

所谓诚信卡租车，就是市民只需要在申请表上填写基本信息资料就可以获得的租车卡。沿用此法之后，鑫飞达不到一年时间发卡近100万张。

据鑫飞达统计：2011年，武汉市公共自行车和借车卡的比例接近1∶20。也就是说，一辆公共自行车，平均面对20个租车人。而刘纯啟认为这个比例应该控制在1∶6或1∶7比较合理。

发卡太多，质疑声多。刘纯啟解释说，是因为市民热情太高，又不能加以限制。

的确是难断之事。

有学者认为：为保证城市公共自行车系统可持续运转，政府必须更多参与其中，不仅仅是在资金上扶持，还需将公共自行车作为城市交通体系的重要组成部分，全力支持，出台相关的管理办法等。

追寻
百年后
第一枪
刘纯啟

在他们看来，法规是保证公共自行车有序发展的前提。

在"武汉模式"探索过程中，尽管碰到各种各样的问题，但政府和企业都在以积极的态度破解难题。

"管理这个遍布三镇的公共自行车系统，难度非常大。在这里，政府和企业需要找准各自的位置，找到好的盈利模式，才能促进整个系统良性发展。"

通过媒体，刘纯啟也呼吁，希望大家对公共自行车出现的问题有一个包容的态度。

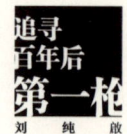

愿景

武汉市社会科学院首席研究员刘崇顺接受媒体采访时表示，公共自行车要获得长久发展，关键在于政府、企业和市民要形成合力。

政府要从资金、管理和法律制度上提供支持；自行车运营企业应认真总结经验，迅速堵住管理漏洞，真正走现代化精细化管理之路；市民在制度约束下要形成爱车惜车的习惯。

以便民为初衷的公共自行车服务系统，既是一个绿色出行的"慢行交通"体系，又是一个绿色健康、环保、和谐理念的载体。

据可靠资料显示，鑫飞达初期投放的2万辆免费自行车，按每天6人次使用计算，替代公交一年可减少73万辆次公交车，直接节油2920万升，年节油创造经济价值17280万元，减少碳排放7.3万吨，参照时年国际"碳交易"年创收68万欧元（约合人民币730万元）……

小小自行车，"有心栽花"预期社会价值形成，"无心插柳"带来的更多积极效应还在渐渐显现。

一座城市的生态文明，表现在蓝天碧水的等宏观层面，更体验在市民生活的角角落落。

绿色出行的健康生活理念，不仅能改变我们的生活，更能改变我们的城市，改变我们的价值观。

刘纯啟觉得，具有独特"武汉模式"的绿色出行公共自行车，将在不久的将来，"骑"向中国的更多城市，惠及更多的市民。

现代化是让人生活质量提高的生活方式，呼吸质量、体能状态和适宜的气温无疑是生活质量中首要的指标。武汉发展"慢行交通"，让自行车"回归"是时代发展的要求。

国家渐强，国民越是期待，能像发达国家那样，实现真正意义上的回归。让武汉的空气质量逐年好转，市民体质逐年提高，城市交通管理比今天少伤脑筋。

到那时，市民头脑中成功人士的标志，可能是肺的颜色和腰腿肌肉的结实程度，而不是有没有一辆豪华车。

面对自己所搅动的这个产业，刘纯啟有一句名言："低碳是责任企业流动的道德

之血。"

　　作为"掌门人",他一手打造的"政企联合"模式正在不断成熟。2011年的今天,极目已见曙光。

　　人们也有理由相信,这一模式向世人展示了一张全新的武汉面孔,也必会随着事业的发展开始向全国输出。

　　刘纯啟预言,2012年,武汉公共自行车数量达到10万辆,规模将成为全球第一。

参考资料:
武汉晚报 2010年4月28日
《公共自行车掌门人刘纯啟——"最大受益者是我们每个人"》

汉网 2009年12月25日
《刘纯啟:"让政府放心,让老百姓满意"》

《鄂商》杂志 2009年
《刘纯啟:鑫飞达绝对会成功》

武汉好车网 2009年12月9日
《专访刘纯啟:建立最大的绿色自行车王国》

《鄂商》杂志 2011年第6期
《武汉"公共自行车"遇坎》

黄友阶：
武汉技术引领世界厨房革命

整理/倪云

今天我要在这跟大家分享一个"世界厨房革命"的故事。厨房油烟，自古以来就让人类很头疼。到了现代，科技飞速发展，人们尝试用各种技术去解决，无烟灶台、抽油烟机、无烟锅、微波炉都是这一类探索。

直到今天，油烟还是很顽强地、无处不在地挑战人类。哪怕再昂贵的厨房，时间一长，都会留下油烟的印迹。厨房油烟，似乎永远都擦不干净。能不能让厨房变得和客厅一样干净和赏心悦目呢？

有一种新型环保油烟机，可以像电视和装饰画一样挂在墙上，可以做到油烟分离，吃进来的是油烟，排出去的是净化后的气体。

原理很简单：用合金丝等绕织成圆形网盘，置于油烟机最前端，以每分钟1300转速，与电机同轴高速运转，油烟在离心力的作用下，被强行分离，油被甩入导油槽，回收利用，净化后的干净气体直接排入大气中。

在一次展示上，国家环保部、建设部、外交部、安全部、财政部、质检总局、国管局等20几个部委领导一致用了"神奇"和"惊奇"来形容。

两位中科院院士当场评价："用最简单的办法解决了一个十分复杂的问题，将是一次油烟处理技术的革命。"

这个产品是百分百的中国创造。再确切地说，是百分百的武汉创造，是中国武汉一个中小民营企业的自主研发成果。

现场领导和专家用了几个没想到：没想到复杂的油烟问题可以用这么简单的方法去解决；没想到国内、没想到武汉有这么先进的技术。

我就是这个产品的发明人和这家企业的负责人，武汉创新环保公司的黄友阶。上面提到的油烟机全称叫"武汉创新牌离心式油烟净化机"。这个名称表明了三层意思：

一是这个产品是武汉的创新成果。

二是采用全球首创动态离心拦截方式。目前，拦截有害物质都用定态过滤法原理，全世界最先进技术的油烟机也难逃这个路数。区别在于，一个戴着口罩防油烟。一个像洗衣机脱水一样，利用离心力将油烟强行脱离。舞动孙悟空的金箍棒，高速旋转，将油烟中的微小颗粒拦截下来。

三是它是油烟净化机，而不是抽油烟机；二者听上去差不多，但本质有天壤之别。抽油烟机是将油烟吸入排放管道，直接排入大气。油烟净化机，是将油烟吸入后，增加了自我回收和净化过程。最后排入大气的是净化后的干净气体，基本不对环

境造成污染。

　　发明这种油烟净化机后，我可以很有底气地说：厨房告别油烟不再只是一句口号，人类为油烟头疼的日子也不会太久了。这将掀起的是新一轮世界厨房革命，油烟治理技术革命。

　　设想下，油烟问题一解决，中国美食也将真正进入全球千家万户的厨房，全世界都在做中国菜，随之而来的也许会是人类生活方式的一次新变革！

　　从环保角度说，在人类治理油烟史上，一些发明既是历史的巨大进步，也是巨大的失败。比如传统的抽油烟机，虽然厨房环境有所改善，但对环境的污染没有得到任何治理，甚至更破坏我们赖以生存的大气。

　　这个失败不是我说的，是国家环保部、外交部等部委领导和中科院专家在看到这个产品后表示的。他们在现场明确表示这些年的油烟治理都不够理想，某种程度上就是失败的，原来那些油烟净化设备形同虚设。

　　这种失败的根源在于以往对于油烟问题的治理基本都是"治标不治本"，没有也无法从根本上解决问题。北京曾规定居民楼下不准开餐馆、油烟管道高排改造、每2个月清洗一次，广州有条美食街最近也被限制使用明火烹饪，凡是会产生油烟的热菜之类都被禁止……还有很多诸如此类的规定，有些甚至直接出现在正式文件中。

　　这种做法不仅"不治本"，甚至是"反民生"的行为。俗话说"民以食为天"，禁止在小区楼下开设餐馆也好，不准明火烹饪也好，都是很违背国人饮食文化的。而且，不便民，不利于再就业。

　　油烟高排更起不了什么作用，把油烟排到高空，污染的还是头上的那片天。这一来，也影响建筑外观，还可能带来安全隐患。

　　我发明的离心式净化油烟技术，为解决这些问题提供了一种新的选择。

　　已经有越来越多的政府部门将我们的产品作为治理油烟扰民和油烟环境污染问题的"重要武器"。国家环保部按照《中华人民共和国大气污染防治法》规定，将餐饮和家庭油烟治理作为我国"十二五"环保规划重点推进工作之一，其中规定的使用技术标准方案就是由我公司提供。我们陆续承接了国务院机关事务管理局食堂油烟设备改造工程和国家安全部食堂油烟治理改造工程。

　　早在2003年，江岸区、江汉区政府在油烟整治试点工作中，就将推广我公司产品安装、售后服务等工作列入了工作内容。目前，在武汉市两型社区建设中，江汉区政府通过"用户出一点、企业让一点、政府补一点"三个一点模式，每台抽烟机补贴800块钱，进社区鼓励居民安装改造创新牌油烟机。

成功的"武汉模式"，在全国得到了认可。成都市成立了大气环境综合整治指挥部，在制定油烟专项整治文件时，专门请创新环保公司进行了武汉地区政府联手创新整治油烟的经验交流，并参照武汉文件制定了相关内容。重庆市、济南市环保部门都到武汉来"取经"，现在，济南军区系统油烟改造全部推行我们公司的项目。

这款武汉创新出来的小小油烟机也引来了国际关注。2008年，145个国家参加的世界环保博览会上，创新牌油烟净化机获得国际金奖。韩国最大的油烟机生产厂家慕名来武汉，通过江汉区政府找到我，要与我们进行技术联盟合作。

2009年10月，中日友好30年，作为环保企业代表，我陪市领导进行了访问，大阪市长高度赞扬了创新技术。期间，有日本企业找到我表示愿意做我们的技术下游，一再表示合作意向。

产品出来后，这些年国外不断有人提出要跟我们独家合作，或者干脆要出高价买断，我都拒绝了。第一，我不愿意把好的东西流到国外去；西方国家封锁我们这么多年，凭什么中国好的技术要转给他们？

第二，我也相信国内、相信武汉有能力和环境给创新技术一个好的发展空间，我一定得顶住眼前的诱惑。

在这条路上我坚持了10多年了，太多的艰辛都过去了。在最艰难的时候，员工们一个一个选择了离开，过年的时候，我甚至连工资都发不下来。但我还是咬着牙挺过来了，因为我这个人特别地倔，我心里有个信念：环保创新产品一定是未来社会和人们最需求的产品。虽然我们目前是小企业，做的是小项目，但是我们面对的是一个大市场，做的是一项利国利民的大事业。

最难熬的时候我都不肯把技术卖掉，现在更不可能了。解决油烟问题，不止是企业行为，更是一个社会问题。一个真正具备创新力的产品它一定是有科技价值和社会价值。我一直坚持，一个好的技术，最终应该全面应用到老百姓身上。中国的技术，首先当然要为中国老百姓造福。

当然，从科技产品转化为社会价值和财富，光靠我一个科技爱好者和一家小型企业是无法完成的，还需要政府和社会各界的大力支持。我也愿意把技术和产品拿出来和大家一起分享，共同谋发展。

我属老虎的,今年是本命年。有个说法,本命年是道门槛。创新环保公司现在也处在一个发展的槛,或者说"商机劫",劫难的劫。前方,形势一片大好,挑战也重重。顺利闯过了,会是更广阔的天地。闯不过,连生存都是问题,何谈造福社会?

来自市场和其他方面的考验关,对于一家民营中小企业来说,比起我当初刻苦钻研技术,或许更为复杂,压力更大,挑战更大。

但是,是真金,就经得起火炼!从艰难钻研到推向市场到造福中国百姓乃至成为世界品牌、造福人类,这条路,我相信会越走越宽,越走越好!

我深信,这一发明将会在人类的进步上留下武汉的烙印,在伟大的世界环保事业领域竖起武汉的旗帜。也深信,创新武汉必将崛起,在世界创新之林赢得属于自己的一席之地!

(稿件由武汉创新环保有限公司提供,据黄友阶2010年演讲内容整理而成。)

[相关链接]

武汉诞生"超级环保油烟机"

· "超级油烟机"使用半年多，用纸巾擦拭排气口不见一点油迹

　　武汉晚报讯（文/图：记者 齐翔 通讯员 鄢祖海 李高众 实习生 赵斐）记者昨天（编者注：2011年6月19日）在江汉经济开发区武汉创新环保公司展厅内看到，这种"超级油烟机"的家用型有6款：中式、欧式和侧吸式等4款机型，外观和大小与传统油烟机差不多；一款挑台式的仅厚18厘米，是专为改造家庭老式"无烟灶台"设计的；还有一款壁挂式的，外形像一幅画，挂在灶台上方的墙上，号称"吸油画"。

　　公司董事长黄友阶介绍："吸油画"可安装MP4，又像液晶电视。传统厨房里都是油腻腻的，而他不担心油烟弄脏液晶屏。根据环保部门检测，"超级油烟机"油烟净化率（油脂分离率）最高达98.43%。而传统家用油烟机，很少超过50%。

　　试验数据还表明，"超级油烟机"的抽排率达100%，就是说，室内油烟都能抽得干干净净；节电40%，超强静音；家用风轮电机5年免清洗，这意味着，油烟气经其处理净化后，可以直接排放到大气中，不需要再装烟道，很适合中小餐馆；油烟气中98.43%的油脂可被收集，回收利用。

　　为检验效果，黄友阶曾请客户坐在"超级油烟机"排气口前打麻将。三四个小时里，大家几乎闻不到油烟味。把白衬衣挂在排气口，也没见一点油迹。

　　灶台和油烟机同时工作时，记者把鼻子凑近排气口，没闻到异味。

　　"超级油烟机"在三镇部分餐饮企业和社区已经有安装。汉口菱角湖万达广场的楼顶，半年前安装了十多台，记者用纸巾擦拭排气口，居然不见一点油迹。唯一一家因故安装其他品牌净化设备的，排气口满是油污。

　　汉口百步亭、邮三和武昌首义苑等社区，这种油烟机安装了一两年，排气口至今还是白色的。没有安装的居民厨房外墙上，大多则流着黑乎乎的"油鼻涕"。

　　前后花了10年，湖北人黄友阶发明的"超级油烟机"，下月将实现批量生产。环保专家给出的评语十分惊人：它将给全球油烟净化行业带来一场革命。

· 环保部门帮忙"叫卖"，最低850元就能买到一台

　　市环保局有关负责人表示，全市未来几年内将出台政策，鼓励近百万家庭和绝大多数中小餐馆使用"超级油烟机"。该机零售价960元至3000多元，仅中百电器有售。目前，仅限挑台式油烟机享受政策补贴，零售价2400元，黄友阶让利约30%，政府补贴

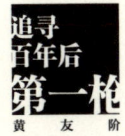

约30%，居民只要花约850元就能买到。

为何要"帮"黄友阶卖油烟机？市环保局专家称，其维护简单，价格较低，适用于中小餐馆，可解油烟扰民顽症；油烟气净化后可直排，适用于无烟道的老社区；缓解了城市空气污染。

几年前，武昌东湖路省歌舞剧院宿舍楼下一家餐馆，被一位老艺术家投诉多次。除了油烟大，老人还怕紧挨自家外墙的排烟道着火。油烟净化设备换了几套，他仍不点头，餐馆老板急得跳脚。

上门查处的环保部门推荐使用了黄友阶的设备后，餐馆排烟口不冒烟了，烟道也拆了，而老人再也没投诉过。

不过，由于"超级油烟机"产量有限，补贴政策将由各区按社区逐步进行。目前，仅江岸、江汉和武昌区的部分社区可享受补贴。

壁挂式"超级油烟机"，外形像一幅画，挂在灶台上方的墙上，号称"吸油画"。

专为改造"无烟灶台"设计的挑台式"超级油烟机",厚度仅18厘米。

· **醉心发明油烟机20年,仙桃农民修成正果**

只有高中学历的黄友阶,怎么发明出了"超级油烟机"?

1962年,黄友阶出生于仙桃农民家庭,从小喜欢搞发明,但不少成果因资金缺乏,没能转化成产品。1991年,他带了个装修队到武汉谋生,决定先挣钱养家,再回头搞发明。

当时,城镇居民楼的厨房里大多没有烟道,油烟排放困难。黄友阶在客户家的厨房窗台上,装了一个箱体,通过排风扇把油烟排到窗外,取名叫"无烟灶台",因排烟效果好、省空间,深受客户欢迎,他趁机大赚一笔。

不过,"无烟灶台"毛病也多:苍蝇蚊子容易进来,清洗困难。1997年,黄友阶成立武汉创新装饰公司,并推出新发明的垂帘式油烟净化机——油烟被细如头发的合金丝丛吸附后滑落,解决了传统油烟机只排放而净化率低的问题。但时间长了,合金丝丛上粘的油垢越来越多,清洗仍然很麻烦,寿命也短。

一天晚上,黄友阶正冥思苦想,偶然看到电视播放的武侠片中,一位武林高手手舞长棍,在乱箭丛中闲庭信步。他灵机一动:舞动的棍子能挡住乱箭,如果让合金丝丛高速旋转起来,能否既吸附油烟、又能将油垢甩落呢?

他马上拿起纸和笔,设计可与风轮同时旋转的合金丝盘。他真的成功了。2001年,首台动态离心式油烟净化机问世。经过1000多次改进和实验,油烟净化率达到了98.43%,油垢也可轻松从合金丝盘上分离。

第二年,黄友阶拿到了国家发明专利。2008年9月,其"离心过滤式油烟净化设备"项目,获国家知识产权局主办的"中国国际专利与名牌博览会"金奖;2009年9月,创新牌油烟机获"武汉名牌产品"称号;2010年,黄友阶获"武汉五一劳动奖章"和市政府颁发的"十佳创业人物"称号。

· **我国环保专家极力推介——"黄氏发明"属世界首创**

在国家和省市相关部门以及油烟净化行业,黄友阶的"粉丝"不少。他们认为,新发明的可贵之处,在于超越了传统的油烟净化理论,在高效吸附油烟的同时,解决了油垢分离和后期维护的难题,将给全球油烟行业带来一场革命。

中国环保产业协会副主任专家委员、北京环保科学院高工、中研环能环保技术检测中心主任杨明珍称赞,把动态离心吸附理论用于油烟净化,黄友阶的发明属世界首创。去年7月,她亲手签发了"超级油烟机"的检测报告。

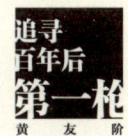

武汉万达广场公司设计部机电经理郑庆胜从事暖通行业10多年，是业内知名专家。去年底，环保部门向他推荐黄友阶的油烟机时，他根本不相信有这样同时适用于家庭和餐饮企业的发明。如今，他一再主动向同行推介。

上世纪90年代至今，我国大型餐饮企业陆续使用了第一代水喷淋和第二代电吸附油烟净化设备，后者仍为大型餐饮企业广泛使用。它们的理论净化率都可达90%以上，但后期维护麻烦、成本高昂，使用寿命短，中小餐馆无法承受。

传统家用油烟机采用滤网或滤板设计，源于欧美，净化率低，污染空气，网孔和烟道容易堵塞，清洗困难，并不适用于中国人的爆炒烹饪习惯。目前，国家有关部门对家用油烟机的净化率尚无明确规定。专家们根据原理估计，其净化率大多不超过50%。而"超级油烟机"能达到98.43%，无疑是个革命性的指标，全球罕见。

油烟：人类健康的"隐形杀手"

研究表明，油烟中含有300多种化合物，其中包括苯并芘等致癌物，对人的呼吸道、大脑、神经、视力和皮肤造成伤害，每年导致全球160万人死亡，堪称人类健康的"隐形杀手"。受饮食烹饪习惯的影响，在中国由油烟引起的发病率高于美国5倍。

·油烟回收每年价值18亿

据测算，武汉200多万户居民厨房，每年向大气中直接排放油烟2200多吨，全国在30万吨以上。传统油烟机净化率较低，收集的废油往往被直接倒进下水道。如果使用"超级油烟机"收集，可回收作高级柴油原料，每吨价值6000多元。30万吨，价值18亿元。

·"超级油烟机"走进国家部委食堂

2004年，黄友阶成立创新环保工程有限公司。近年来，"超级油烟机"发展迅猛：

武汉3个区的环保局出台补贴政策，近1年多帮黄友阶卖了上万台家用油烟机；除武汉外，还为北京、深圳、香港和台湾等10多个省市和地区的餐饮企业解决了油烟难题。去年，还装到了国家财政部、外交部等7个部委的机关食堂。

下月（编者注：7月），占地60亩、总投资9000万元的创新环保工业园将在孝感投产。

黄友阶向记者透露，合金丝盘是核心部件，制作技术复杂。曾经有一些国内外行业巨头想仿制，但都被合金丝盘难住了。它们想重金购买黄友阶的专利，被婉言拒绝。

国家建设部一份资料显示，全国油烟机市场超过千亿元。

今年，国家环保部和轻工业协会将调整油烟净化行业标准，对家用油烟机的抽排率和净化率也将有明确规定。近日，两部门专程派人到武汉创新环保公司，其企业标准将作为重要参考数据。这意味着，我国油烟净化行业将面临新一轮的洗牌。

追寻百年后第一枪
李习洪

李习洪：
我们走在了世界阀门的最前沿

整理/金军

我叫李习洪,是武汉大禹阀门制造有限公司的董事长。

我们的一位客户考察了位于上海的一个号称世界第一的阀门企业后,来到武汉又考察了大禹阀门。临走时,他握着我的手说:"我在一次又一次的震撼中参观完你们的企业,作为一个民族企业,你们已经超越了世界第一的外企。"

欧洲的一位阀门认证专家到大禹认证完毕后,告诉我们说:"祝贺你们通过了产品认证,大禹是我认证的第一个中国阀门企业,大禹比绝大多数欧洲企业做得更好。"

十年前,中国常温常压阀门至少落后欧美30年,十年后的今天,中国在此领域已经达到欧美水平。在中国的常温常压阀门行业,武汉大禹阀门制造有限公司促进了行业的发展,并成为达到欧美阀门水平的代表企业。是什么推动这个行业的快速发展,成就大禹这个企业呢?我们的回答是:创新。

我曾工作于台资、以色列、与德国、美国阀门企业。外资阀门企业凭借先进的阀门技术和营销模式,迅速席卷中国中高端阀门市场。当看到民族阀门企业不堪一击,外企在没有竞争对手情况下获取10倍、20倍于成本的高额暴利时,心中有一个声音在高喊:我必须建立强大的民族阀门企业,为国家争光!达到并超越欧美一流阀门企业成为我的梦想,成为大禹阀门这个民族企业的梦想!

煮熟的鸭子飞去又飞回,客户"逼"着我们成长

大禹具有很强的研发实力,拥有众多的明星产品,比如针对上海宝钢项目研发的活塞阀、针对三峡项目研发的雨淋报警阀、针对葛洲坝项目研发的偏心半球阀。针对长距离输水研发的排气阀。这里以偏心半球阀和排气阀为例进行阐述。

一次,我与葛洲坝的一位技术经理聊天时,了解到他最近的苦恼,原因是电站用的蝶阀因为水里泥沙较多,还经常伴有渔网、树棍等,导致阀门关不严或者损坏严重,使用寿命很短,维修更换频繁,经常需要停机检修,造成很大的经济损失。

获取这一重要信息,建议他们使用我公司引进美国技术生产的软密封偏心半球阀,他们经过认真讨论勉强认可我们的产品,决定与我公司签订4000万元合同订单。正要签合同时,一位技术老总说:"这种产品基本符合要求,但是橡胶密封面容易损坏,暂时还不能与你们签订合同。你们如果研究出更好的产品,我们可以继续与你们合作。"

眼看着煮熟的鸭子飞了,我们很不理解,带着对这位技术老总的几分憎恨垂头丧气地离开宜昌,返回武汉。回到武汉后,我们感到很难找到解决办法,只好暂时放弃

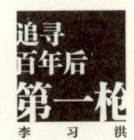

这一项目。不久,我接到那位老总的电话,说他们也在思考解决方案,希望大家能把这一项目研发下去,他们可以派人来共同研发。我们感受到这位老总的真诚,决定投入大量的人力、财力、物力,开发适合葛洲坝工况的产品。

在经过对全国相关产品的深入调研之后,与葛洲坝的工程师一起合作,开始进行产品的深度研发,受剪刀剪断指甲的启发,我们设计思路是将传统球阀的整球变成半球,由软密封改为硬密封,球冠边缘设计成剪刀的一半,阀座设计成剪刀的另一半,两者在关闭时如同剪刀一样,可以有效将水中杂物切断,因为球冠只有在关闭或者开启瞬间才与阀座接触,摩擦较小,使用寿命大大延长。

经公司严格检验后送到葛洲坝电站,那位老总用帆布手套做切断试验,手套当场被切断。那位老总看了之后说:"这正是我们梦寐以求的产品,感谢你们研究出了这么好的产品。"试用半年之后,良好的效果使他们完全接纳了我们的产品,最终更换了电站里所有的蝶阀,前后共使用了近4000万元的偏心半球阀。煮熟的鸭子飞去又飞回,我们获得了非常大的胜利。

因为偏心半球阀良好的性能,被全国大多数的大型电站、钢铁厂、污水处理厂、长距离输水工程所采用,成为大禹的明星产品,并申请多项专利,取得整个偏心半球阀市场60%以上的市场份额,获得极高的市场美誉度和良好的品牌认知度。多年以后,当我再和葛洲坝这位老总见面时,我曾感慨地说:"当时我曾憎恨过你,因为你使我们失去4000万元的订单;现在我对你感激不尽,因为你的坚持,逼迫我们开发出新产品,获得超过4个亿的订单。"

这一产品的成功开发,大大增强了企业的研发能力和研发热情,此后我们又成功地开发出高性能的排气阀。

此前,中国的排气阀市场一直被国外企业所垄断,但国外排气阀也一直无法有效解决爆管这一世界性难题,从而给国家产生巨大的浪费。据统计,上海每年因为管道破裂导致的直接损失在2亿元以上,我们一直有解决这一难题的想法。

当我们了解到北方的一个长距离输水项目需要性能优越的排气阀时,公司集中精力进行技术攻关,采取在排气阀内部增加一个缓冲装置,来控制排气的速度。这一设想获得设计人员一致通过,但缓冲装置的轻重大小,通过三维模拟难于精确演示,只有通过经验判断进行。于是把阀门拆了装,装了拆,不断地配重、调整大小,经过几百次的尝试,几百次的试验数据分析,终于生产出可以快速吸气、缓慢排气、有效解决爆管问题的排气阀。

产品通过国家权威机构的各项测试,完全满足用户的需求,但业主在签订合同之

139

后，又对国内产品的质量存在疑虑，最后又采购一半国外的排气阀。供货前，国外的排气阀供货企业没能通过中国权威机构检测。最终剽窃了我公司的技术，在原产品基础上进行了改进，最终通过了检测。我们已经申请了专利，我们仍保留通过诉讼手段维护企业利益的权利。

大禹高性能排气阀的成功研发，是对国外同类产品的一次超越，打败了世界上最强劲的对手，单品走在了世界阀门的最前沿。

为了获得合作，我跟随他们走了半个中国……

经过几年的发展，虽然在差异化产品上有大的发展，但还停留在与国内企业激烈的红海竞争当中，要解决这一问题，我们认为必须走品牌战略，大力提升企业综合品质，进入蓝海市场。为此，就必须要学习欧美阀门企业世界领先的阀门技术、生产技术、管理方法和管理理念。意识到这一点之后，我们一直在寻找这样的机会。

2005年，获悉一家欧洲有名的阀门企业，要在中国常温常压阀门行业排名前十的企业中挑选一家作为合作伙伴。我们认为这是对大禹品质提升的绝好机会，于是主动与之接洽。他们考察了大禹，又准备考察其他几家阀门企业。为了有效把握这个难得的机会，我亲自上阵。三国时期的刘备为获得诸葛亮这一旷世奇才曾经三顾茅庐。为了获得合作，引进国外最先进的技术和管理经验，我跟随他们走了半个中国，从武汉到深圳、温州、杭州、再到上海，他们走到哪里，我就陪同他们到哪里，形影不离，不断地向他们讲述大禹的理念、大禹的研发实力、大禹产品研发的成功案例。

最终，大禹的理念和我的诚意，感动了欧洲的阀门企业的负责人，最终果断地与大禹签订了合作协议。欧洲公司派驻技术、品管、采购工程师各一名，长期驻扎，给予全方位的指导，在他们的努力下，大禹通过了英国的WRAS、荷兰的KIWA、法国的CSTB认证。也因此使大禹从一个作坊式企业一举转变成具有国际一流管理水平的企业，具备了为欧美阀门企业制造阀门的能力。

全国第一已经没有意义，我们的目标是全球前三！

要实现超越欧美阀门企业，必须要与之合作，实现制造升级、产业升级。为此，我们的技术团队到欧美的阀门企业参观学习。

我曾经告诉我们的团队，虽然我们具备了为欧美阀门企业生产阀门的能力，但我们不能就此停步！我们现在要做的就是超越。他们的产品技术先进，我们能否更先进？他们的工艺先进，我们能否更先进？他们参观先进，我们能否更先进？我们不能止

步于我们在欧美所看到的，所学到的，最主要是不断超越，最终走在世界阀门最前沿。

从欧美学习完之后，开始了大禹新一轮的制造升级计划。从研发、工艺到生产模式、过程控制等各方面进行大力改进。

首先，我们一举攻克了决定阀门使用寿命的表面涂层难题。到目前为止，欧美在表面涂层上采取手工喷涂，仍然没有完全解决厚薄不均的问题。经过半年的攻关，我们研究出机械手流化床浸粉技术，使涂层喷塑技术彻底摆脱人为因素的干扰，喷塑均匀，材料环保。一举解决了这一世界性难题，来自欧洲的一位阀门老专家参观以后说，困扰我一辈子的难题，今天在这里看到了解决方法，对于贵公司，我非常钦佩！

此外公司，还研究出导轨技术、中心轴的钝粗技术、滚丝技术、铣方技术等，有效地提高了产品品质，提升了劳动生产率。

其次，为解决员工素质导致的产品质量差异问题，我们制定了标准化作业指导书，对工人进行培训考试，持证上岗，严格按照标准化制造、标准化检验要求执行，实现了标准化生产。

再次，我们率先将汽车行业的规模化制造生产模式引入到阀门行业，实现规模化生产、大批量制造，实现高品质、低成本的完美结合。规模化制造带来规模化的效益，同时，也带来大量国外的订单。先后有英国、美国、法国、加拿大等企业与我们合作。

在经济全球化的今天，我们深知做全市第一，全省第一，全国第一，甚至亚洲第一，已经没有任何意义。我们的目标是全球前三。

10年前，大禹只有几台破旧的机床，10年后，大禹不仅拥有上百台的加工设备，而且成为一个能制造阀门、制造设备的企业。

10年前，大禹是一个几乎没人听说过的企业，10年后，大禹成为行业内响当当的品牌企业。

10年前，大禹是一个只能模仿其他国家产品没有任何研发能力的企业；10年后，大禹具备上百人的研发队伍和强大的研发能力，拥有60多项专利技术。

10年前，大禹是一个只局限于建筑行业的阀门企业，10年后，我们的产品覆盖市政、石化、钢厂、消防、矿山、电站等众多行业。产品在三峡、葛洲坝、国电、大唐等电站；宝钢、沙钢等钢厂；中石化、中石油等化工；辽宁大伙房水库应急输水工程、南水北调工程等长距离输水工程；深圳水务集团、武汉水务集团等自来水；武汉、南京长江隧道等隧道、深圳地铁等众多国家重点工程项目中获得应用。

10年前，在吃年饭时我跟员工讲，虽然我们现在是个微型企业，但几年之后我们就会成为世界一流的企业。10年后，我跟员工讲，我们的很多单项产品已经进入世界一流的行列。

10年前，大禹是个懵懂的孩子，10年后，大禹已经成长为中国民族阀门工业的先进代表。

作为民族阀门企业的代表，我们时刻不能松懈，目前闸阀已经实现了世界一流和规模化，接下来是蝶阀、球阀、水控阀的规模化，实现一品一厂的格局。最终实现行业前三名目标。

随着中国的城市化、城镇化建设的不断深入，工业化进程的大大加快，对中国的装备制造业提出更多的需求，这对我们是机会，也是挑战。路漫漫其修远兮，我们将上下而求索，在学习中创新，在创新中学习。

我们将继续坚持以研发为主体，在吸收世界阀门技术先进成果的基础上，努力开发出更多拥有独立知识产权的核心技术。通过产学研结合、规模化制造、企业兼并、产品、技术输出等方式实现公司的跨越式发展；通过品牌化管理提升品牌的附加价值；通过引入新渠道模式扩大市场份额，通过品质提升获得更多的国外订单，朝着世界前三的目标大步前进，让大禹品牌走向世界！

历史造成民族工业的相对落后，要赶上并超越发达国家，我们唯有插上创新的翅膀，去飞翔，去超越！创新是这个时代赋予我们每个人的光荣使命和神圣职责，一个高速创新的时代正在向我们走来。创新成就企业，创新成就行业，创新成就民族，创新成就梦想！让我们插上创新的翅膀，为中华民族的伟大复兴，为祖国的繁荣昌盛而努力奋斗！

追寻百年后第一枪  杨柯

杨柯：
开启全球首个茶油主题风景区

文/倪云

大洪山南麓，江汉平原北端，数十万亩油茶林崛起。京山开启全球首个油茶主题风景区。

杨柯开车载笔者一行视察他的"油茶王国"：连绵叠嶂的群山之中，云滋雾养，一层一层绿。

2008年，他淡出省城发展成熟的企业，回到当初的知青点发展油茶。家人朋友都觉得是个"冒傻气的决定"。

在绿林镇一个小餐馆里，他与一位老报人就着"绿林好汉酒"一吐抱负，豪气一上来，甚至还即兴亮了几嗓子。

"绿林好汉天下皆知，当年农民起义，揭竿而起，一场轰轰烈烈的武装斗争。今天的绿林也有一种揭竿而起，一场如火如荼的绿色革命，就是要把中国人的油壶拎在自己手里。我愿意穷尽余年去做这么一件事！"

4平方公里油茶基地+200亩茶油工厂

杨柯的"油茶王国"，位于素有"鄂中绿宝石"之称的京山县：湿地、温泉、小岛、花果山、探幽区，漫山茶香，尽享农耕文明和"山隐"之趣。

他亲手设计"桃花源"，将4平方公里油茶基地划分为五个功能板块：

油茶种植园区——林产业观光。

板栗种植园区——林业旅游体验。

花果山——农品采摘体验。

雁鸣岛——高档别墅度假。

探幽休闲区——游山玩水。

南端油茶种植园，为优良油茶品种高科技种植及深加工示范基地，设有百亩油茶苗圃、桃花坞、湿地栈桥、垂钓台等景点。

中南部为板栗种植园，改良现有板栗苗木成为优质板栗种区。园区所在三阳镇板栗栽培有一千多年的历史，有"全国板栗第一镇"之称，"青毛早、红毛早"闻名遐迩，早熟、个大、味甜。辅以中隐林、沙滩浴场、渔歌唱晚游艇码头、网球场等休闲项目。

中部独立小岛雁鸣岛，四围碧水绕青山，以索桥相连。岛上遍植松柏竹杉，放养鹤雁等飞禽、鹿兔等走兽。南坡为高档度假别墅区，配有私家码头。半山腰设立高档商务会所，揽清风赏明月、饮清茶听雁鸣，静享隐逸之乐。

中北部花果山，成片分布杏树、梨树、桃树、李树、梅树等花卉和风景林，以及

生态养殖基地。园区内鸡犬相闻、蔬果飘香，处处弥漫着农家风情。游人全年可体验观花摘果、钓鱼种菜等农耕之乐，感受随时间移动的四季风景。

东北部探幽休闲区，分山脊和濒水两条游线，设有望月廊、浪沧亭、亲水园、临波台、小码头，游人可于此登山、野营、玩水、探幽。

所有的景点设计，暗含"隐"文化。游乐设施隐藏在茂密的植被之中，游道设计峰回路转、曲径通幽，游人往来之间，只闻其声，不见其人。基地各景点名称皆取自历史上隐士诗句，环境也尽量照诗中意境布置。

往南驱车数十公里，至京山县城郊，是杨柯的200亩"茶油工厂"。未来，这里将开启油茶工业游，为世界首创。

相比橄榄油的全球扩张，"东方橄榄油"——山茶油依然"潜伏"在密林深处，识者不多，茶油生产加工蒙着一层面纱。国人看茶油，多半雾里看花，陌生而模糊。2010年湖南金浩茶油致癌事件，让公众与茶油之间更隔膜。

另一家湖南茶油企业金拓做了件事，联合红网，召集网友实地参观茶油生产流程，见证茶油是怎样炼成的。支持与质疑的公众均认为，公开透明生产茶油万分必要。

京山200亩茶油工厂，有底气向游人开放。

杨柯说，人们走进汇澄茶油，看到的不只是企业文化，还有中国的茶油文化、荆楚文化和京山文化。

汇澄茶油工业园里，要建一个年产3万吨茶油精加工厂，一条日加工100吨茶籽生产线，开放式院落办公，游人可参观到茶油生产加工的全流程，亲眼见证绿色放心茶油的炼制。

一个博物馆，展示荆楚文化、京山文化和中国油茶的历史文化，为游客讲解油茶趣闻、民间传说、民俗风情、楚文化源流。

一个营销展示中心，未来将成为绿色生态产品的乐购大本营。茶油、茶枯饼、茶皂、茶油精华护肤品等油茶系列产品以外，还聚集京山当地各类特色生态产品，如桥米、花菇、土鸡蛋、板栗等农副特产，中华鳖、中华草龟、鱼虾等绿色生鲜。

以工业园为圆心，一小时车程内，可辐射绿林山风景区、太阳寺景区、太子山国家级森林公园、鄂中第一溶洞空山洞旅游区等精品旅游路线。

这些景点，与4平方公里油茶产业基地、200亩茶油工厂联动，共同构成"全球首个茶油主题风景区"绿色之旅。

追寻百年后**第一枪**
杨柯

一场绿色革命：山茶油的"国家使命"

国人的油壶有一大半不由自己掌握。

中国植物油六成以上依赖进口，已成全球最大的食用植物油净进口国，也是世界上油料进口大国。专家认为食用油的对外依赖度"早已超出了国家战略安全警戒线，非常危险"。

2006年后，中国食用油几乎每日在涨价。原因很简单：外资垄断，我们丧失了食用油定价权。不光决定不了价格，甚至吃什么油，吃多少，也不是中国人自己说了算。

全球性粮油安全问题步步紧逼，国内18亿亩耕地红线须确保不突破。

古老的木本油料植物——油茶，进入人们的视线。

低调了两千多年的油茶，和油橄榄、油棕、椰子并称世界四大木本油料植物。茶油是比橄榄油还好的好东西。二者成分极其相似，茶油比例略好于橄榄油：不饱和脂肪酸含量高达90%以上，维生素E、油酸及亚油酸含量均更高。

"欧咪伽膳食"理论发明者西莫普勒斯博士，称茶油为"世界上最好的食用油"。

早在1958年，周恩来总理为茶油题词：绿色油库。

2008年，国家林业局局长贾治邦向国务院呈递《关于大力发展油茶产业的报告》，明确指出山茶油的"国家使命"。

2009年，国家计划：到2020年，全国油茶种植面积要达到7000万亩，年产茶油250万吨，占食用植物油总产量的20%以上，逐步实现由国人自己掌握自己食用油命脉的梦想。

油茶树过不了黄河，两千多年来集中分布在长江流域以南。湖北，是国内这种木本油料作物适宜生长的北缘，即最北纬度。

一百个中国人，只有一个人知道茶油。知道茶油较多的三种人，均与产地有关，分别是湖南人、江西人、广西人。

在油茶领域，林业大省湖北长久以来"弱存在、弱话语"。中国的茶油壶把握在湘人、赣人、桂人手里，3省油茶面积占全国总种植面积的8成。排名第七的湖北，油茶种植规模，不到湖南的1/10，江西的1/8，广西的1/4。

各大商场货架上销售的茶油，多为湖南系、江西系、广西系及浙江系，几乎不见鄂产茶油身影。

2009年国家"油茶规划"发布,实施范围包括14个省642个县,湘赣桂3省为核心发展区,湖北、浙江、福建、广东等7省为积极发展区。

新一轮油茶产业革命打响。

在这轮"较量"中,湖北佬打响油茶翻身仗,提出500万亩丰产林和300亿产业总值蓝图,发力实现弯道超越,"叫板"强劲系油茶生产带。

杨柯和他的团队,是湖北茶油兵团中的尖兵。

以京山县为建设起点的汇澄茶油项目,投产后可年处理油茶果72万吨,产茶油3.6万吨,加工质量不输欧洲同类产品标准。

项目涉及茶油及化工产品精深加工、良种繁育、产业基地建设和物流商贸,规模与技术均领先国内,是湖北省大力实施油茶产业"大园区、大基地、大龙头、大品牌"的战略手笔。

莽莽绿林,一好汉,一壶油

喜欢吃茶油的人,性格中似乎有一种像茶油一样的绵劲和韧性,并不乏做成大事情的智慧、胆识、气魄和力量。伟人毛泽东吃茶油长大,曾国藩以"茶油带兵"。

杨柯虽比不得这些大人物,但在几十年前也是响当当的一名"好汉"。

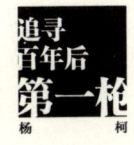

追寻百年后第一枪 杨柯

莽莽林海,铮铮铁甲,旌旗十万,天下好汉出——"绿林好汉"就生长在京山这片热土。

1974年,高中毕业的杨柯奔赴京山县三阳镇茅关林场上山下乡,一卷被褥、一只脸盆、一个篮球。

说是林场,其实就是三面环山一面环水的山窝窝。不甘寂寞的杨柯,自制篮球架,不足半个球场的场地让寂静的山沟喧闹不已。节假日,业余篮球队便四处"挑战",知青名震山外。

知青点与附近公社成立民兵连,第一次实弹射击,一人3发子弹。从未弄过真枪实弹的杨柯屏气凝神稳准狠,居然打了三个10环,得到了让人羡慕的最高奖赏——再打3发。自此,爱打篮球的杨柯当上了民兵连长,也成了当地村民老少皆知的"知青"代名词。

说起来,杨柯爱"舞刀弄枪"是继承了"革命基因"。当年,其父母从山西老家打日本鬼子到南下解放全中国,最终落脚武汉水果湖。出生在这样的革命家庭,杨柯打小就爱折腾,尤其是在篮球场上,在哪个位置都得心应手,激情飞扬。

回城后的一次篮球赛,作为"外援"的他,将"绿林知青"的血气方刚与果决气度发挥得酣畅淋漓。观赛的省农行领导慧眼识金,费尽心思把他从省社科院文研室"挖"了过来。

杨柯当上了信贷科长。时值20世纪90年代初期,成天与企业家打交道,他也有了"投笔从戎"之意,在改革开放的风起云涌中闯一番天地。

第一次下海选择了海南。从普通打工者做起,当过顾问,做过总经理助理,最多时兼过三个单位的职位。带着学到的一身本领和仅有的3万元启动资金,他回武汉创业,挖掘"第一桶金"。

突破口在汉西路做规模经营。杨柯的"第一场仗"打得非常漂亮,把原先冷清的地盘做成了在武汉乃至中南地区最大的陶瓷石材市场之一。

1997年,几经博弈之后,他将着力点选定为专门从事医疗器械生产,其自行研发的"一次性使用真空抽血管"获首届新技术新产品博览会金奖,第七届中国专利技术博览会金奖。

一系列荣誉随之而来。至今,提起杨柯,很多人第一想到的还是"金杏科技董事长杨柯"、"武汉杰出创业家杨柯"。

是以当他决定淡出此身份,回当年的知青点——京山发展油茶时,大家都觉得他疯了。唯有小女儿,在他最困难的时候表示理解,拿出自己攒下的不多积蓄助他启动。

油茶深处种诗行

"付冬耕春种之劳作,洒辛勤汗水于泥沱。餐桌厚食出于亲手田作,多么赏心悦目,心中充满雀跃之喜。放眼门庭,禾场上林户人家忙晒茶果,几条土狗跑前溜后"。

"深情远眺,农舍门外大自然,秋色争艳,红叶黄桔,满山坡随风任意弄姿卉馨。田野近水,水映天长,鸡鸭欢声于田埂盱畦。小鸟喧喧林间,目光伸向更远山峦。朦胧山川,霞雾晴町,琅目珲琛,沟壑染秀。蓦然回首,柞栏山外,朗朗青空,一轮新月,上影湖中。"

投身油茶事业后,杨柯三天两头往大山里跑,车座和鞋底常年沾泥带土。自己很满意:这才是生命的意义,与父老乡亲紧密,与天地精神往来。

在旁人看来,这个老总是"非人类"。资产早已过亿,仍是吃饭只要一个饱,睡觉只需一张床,工棚、林场都能安身。

明明是来发展油茶,他却热心于重修毁于文革的千年古寺——京山太阳寺。四处搜罗、考证文史记载不说,还去拜访武汉归元禅寺隆印方丈,诚心请他来看一看。

遇有投缘之人,必引其至京山,到绿林寨、美人谷体验一番。亲自驾车领人看看京山特色的花菇、板栗种植,给他们讲太阳寺传说,讲绿林好汉的故事,讲京山三阳"鸟的天堂",讲桥米、蟠龙菜和嘉靖皇帝的渊源,讲毛主席双儿女亲家是京山人士……

他甚至酝酿大手笔投入,拍一部关于这方水土的一部电影,融入京山、绿林好汉、油茶等元素。

年过半百之龄,杨柯一直忘不了曾经在这块土地上挥洒的青春和汗水,还有老乡家中独特浓香的茶油。

那一代人共有的反哺情怀以外,追逐的还有绿色京山梦、湖北茶油崛起梦,以及国人掌控自己油壶的梦。

杨柯和他的团队打算用5年时间建成一条油茶优质育选种苗基地→油茶种植示范基地→油茶快繁科研基地→油茶种植产业基地→茶油精加工厂→茶油综合利用深加工厂的产业链。

整个项目建成后,能带动周边农户近3000户,10000多林农与公司建立联结关系。凭种植油茶,可为当地农民增收10亿元。

杨柯说:汇澄茶油产业模式是"基地+合作社+公司",就是把公司与预选种基地

追寻
百年后
第一枪
杨 柯

连接，由若干个农民茶油专业合作社组成农民产业基地，共同组建茶油深加工基地，实现互惠互利、共存共荣、优势互补的联产经济实体，使政策、资金、土地、技术等资源有效结合。

"未来茶农都是不离开土地的上市公司股东、成为自己土地真正的主人。"

"他们才是真正的书写绿色诗行的人，打响绿色革命的人！"

白云：
中国平安城市梦

文/陈静

"枣阳市已经启动平安城市计划，接下来我会将目光投到随州、南漳、广水、随县……很快扩张至全省。"

湖北省将成为中国第一个城市监控报警联网系统完全覆盖的省份。

"我始终是一个激进主义者。"白云笑笑说。

"我是一个生活在未来的人。"

"目前，我离安防运营商这个目标越来越接近了。"

由安防工程商向安防运营商转变，对于他带领的这支小小的不到一百人的民营团队而言，是跨越一大步。

当前中国安防市场，遍地生花。小团队、小企业，想要在政府、国家事业单位以及国企的夹缝中求生存，分得一杯羹，步履维艰。

梦碎鄂州

赚了第一桶金之后，白云选择了安防行业。彼时，整个中国从事安防技术的民营企业尚属凤毛麟角。

2004年，白云的华奥电子公司与鄂州保安公司，联合投资20万，组建了鄂州华奥保安科技有限公司，湖北华奥电子占49%的股份。

公司正常运营2年，"做起来了"。

做起来了是个什么概念？一个类似平安城市的安防试点，一个覆盖整个城市的集成式、多功能、综合性大型监控报警系统成功建起——"可以称得上是国家安防运营的雏形。"

基本实现家庭、商户等场所的小片区音频报警联网，但仅局限于报警，至于视频传输和人防服务，尚未跟上。

2004年11月4日，一个与安防有关的会议在湖北饭店召开。会上，白云遇上了至今他还常挂在嘴边的"靳秘书长"——中国安防协会秘书长靳秀凤。

靳秀凤提出国内安防6大课题，会中确立了北京、天津、广东、湖北作为中国安防协会组建第一批试点地区，随即，湖北成立省安防协会。

其后，靳秀凤曾两次到武汉专门找到白云交流国内安防发展的一些构想。

"我的很多观念都源自与她的交谈，这些对我很重要。"以至于他敢有底气说自己是整个安防行业里"看得最透彻的人"。

白云终日为人防奔波，岂料人祸难防：合伙方鄂州保安公司因为改制，由原公安局直属改制私营化经营，合伙人与他解除了合作关系，分手了。

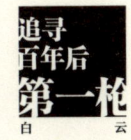

白云净身出户。音频报警联网的安防梦破灭。

枣阳，梦重启

白云第二次践行梦想的尝试，是在枣阳。比鄂州起步要高些，这次是视频报警联网安防运营——现在的枣阳市公共监控中心。

逢春节，白云提着两瓶好酒去看望家乡的几个老朋友，一进门就正好碰到4个枣阳政法委和政府综治办的领导窝在沙发里抽烟闲聊。

"开年了我们做个什么项目呢？"

"安防项目又没有哪个做得好的，不是一两年能做出成绩的。"

"那咋整呀？这没有项目明年不好向上头交差呀。"

其中一个朋友瞅见白云，忙说："哎，你来得正好！"就向众人介绍：我这个朋友好像就是做安防的。原先也和我讲过，太专业了，没耐心听完。今天正好给大家再说说。

白云把酒往茶几上一搁，正准备给大家介绍，一位胖胖的领导眼睛直勾勾地盯着两瓶酒，笑道："不如，我们边喝边谈。"大家也随声附和，此时，主人将备好的下酒菜，端了上来。

枣阳人好客，爱喝酒，且酒量大。

一聊起安防，白云就兴奋，4位领导就着小菜酌着酒，也越听越兴奋，连声称好。

声音、视频、人防相结合的平安城市试点计划居然这么受欢迎，白云没想到。

两瓶酒差不多了，几个人恨不得挽起袖子立马要干。

这两瓶酒喝得值，白云一高兴，脖子一仰，几杯酒下肚，当天就喝趴下了。

第一天喝趴下了，第二天还不能装怂，还得继续，"酒桌上出政权"，还挺写实。

第二天，政府专门为枣阳市安防工程开了一次大会，没过几天就下了文件，总之就是大力支持。

"我自己都被吓到了，枣阳市为这个事先后开了三次大会，下发了四次文件，够重视了吧，我以为我的第二个梦想就要照进现实了，后来证明，幸福来得太突然了并不一定是好事哇！"

政府支持的口号喊得够多了，就是落实不下来，为什么？没人愿意出钱。

规划方案一出，合计投入大概在600多万元。

放弃太可惜，就算没人愿意出钱，也要做！白云决定咬咬牙，自己把钱垫上。

插曲：电信之殇

平安城市的全城联网建设必然要和当地电信合作。枣阳市在2003年曾启动过"全球眼"计划，结果无疾而终，此后当地电信对于类似的合作都本能的排斥。

白云登门拜访过电信领导无数次，他们表面谦和，但屡次将其拒之门外。最终他放弃了电信网络，自己花90多万元在枣阳市铺设了50公里的光纤电缆。现在，枣阳很可能是目前中国唯一一个有政法干线光纤专网的城市。

很多人都说白云越玩越疯，但凡懂一点儿安防的人都知道，前期的建设投入是不能产生回报的，回报主要集中于后期的人防运营服务，而国内还没有哪个城市的安防有能力将人防运营服务做好。

这可能是一个无底洞，至少目前为止都没人试探过这个洞有多深，白云已经几百万几百万的往里面扔了。

春节，他却欲哭无泪

要么合作后把他踢了，独享成果，要么干脆不合作。在白云看来，这都还能忍。

有一件事让他一回想起来就不禁搓手顿足。

那是2008年春节前夕，白云正为枣阳平安城市试点项目到处筹钱，碰到枣阳市一大型汽车公司的李总。正逢金融危机，汽车市场惨淡，李总也到处筹钱，俩人一碰面就同病相怜起来。

几句寒暄，白云了解到李总对武汉的金融市场变化情况不太了解，也没有更多的精力与人脉到武汉寻求融资，但他的公司是大型国企，按当时的政策从银行获得贷款支持的几率要比自己的私企大得多。

他想到了一个主意。

"老李，这样吧，你看你差2500万。我在金融行业做了十几年，积累了些资源，我帮你策划，从武汉的银行贷到3000万，期限为1年，我以我枣阳的资产向你公司提供反担保，半年的时间我将本息还给你，你借300万本金给我，怎么样？"

老李一听立马笑成了一朵花，连忙许诺"那没问题，那没问题"。

随即安排财务总监和销售副总与白云商订借款的方式和细节。一切落实了，白云心里踏实了，资金一到位，平安城项目立刻就能启动，梦想似乎触手可及。

接下来的两个月，白云奔波在武汉的中信银行、汉口银行、兴业银行等各大银行之间，终于把款贷到手，招待费花了小几万元，这可是白云账户里所剩不多的几万块。

　　3000万元放款，这个好消息传到白云那里，他信心满满地带着当初借资300万的协议跑去找李总，对方的态度却来了个180°的大转弯。

　　"白总，实在是不好意思，3000万一下来，第二天资金就调走了，我这是国企，借那300万的事儿我做不了主啊！"

　　白云急了："这是我们之前商量好的呀，借款的方式也是与你们分管老总都商量过的，合理、合法的方式呀，说句老实话，我要不是这么急缺资金，也不会放下自己的事儿全力帮你们跑融资呀，我这项目万事俱备，只欠东风了，跟政府的合同我都签了，您怎么能在这个节骨眼上拆我的台？"

　　李总握住他的双手："真的非常非常感谢你老白的恩情，但我不知道款一放下来就马上分配到公司的各个环节，真的挤不出这300万了。不过我知道兄弟你为我们做了多少事，光请银行的人吃饭谈贷款的事就花了不少钱吧，这样吧，你花了多少的招待费，我一定帮你全额报销。"

　　白云铁青着脸，也不稀罕那几万块钱，点点头，走人。

　　2008年冬天，不少地方发雪灾，特别冷，瞅着要过年了，项目不能往后拖，无奈之下他只好找地下钱庄借了200多万的高利贷，才捱过这一劫。

　　"我跟爱人娘家说去我家过年了，跟我家说去了爱人家，跟武汉的朋友说回襄樊老家了，跟襄樊的朋友们说在外地旅游。"就这样，一家三口，关在家里过了个最冷冷清清的新年。

　　那段日子被白云归为"欲哭无泪"。

平安城市的模样

　　如今，城市监控报警联网系统，终于落户枣阳，成为全国第一个覆盖整个城市的集成式、多功能、综合性大型监控报警系统。经过几年的运营，系统渐趋成熟，可推广运用。

　　白云看准了平安城市的发展前景。"平安城市的覆盖范围未来还会扩展到全省，这个'未来'可能比我们想象的要短得多，现在全省经过政府的大力推进，已实现全省监控联网，网络和中心的建立必然会促进安保运营服务的发展。"

　　那将会是一副怎样的情景？

　　"无论你在哪里，只要打开手机，就能看到家里或者商铺里的情况，就算有人室盗窃，警铃立即触动，图像信号也同步发送公安机关，收到信号立即出警。家里有小孩或老人，你无法贴身照顾也不要紧，一旦有情况，立刻触动小区物业求助信号，他们会在第一时间帮助你的家人渡过难关。"

没有死角的城市，不再为人身安全担心的城市，不容不安全因素的城市，就是白云折腾了十多年的平安城市。

2011年9月，一个关于武汉民生贡献推选活动的评审小组走进华奥电子。会议室里，办公室主任为5位评审组人员沏上铁观音，满脸歉意："实在是不好意思，白总今天早上家里有点儿急事，可能要迟到一会儿。"

等待的间隙，工作人员先公式化的陈述员工福利、社会公益活动等方面的数据。一位客人"啪"的一声点燃第二支香烟，白云破门而入。

"对不起，对不起我来晚了，"白云不停致歉，"照顾我母亲的保姆，她女儿病了，来武汉开刀，他们不认识什么熟人，我早上就去忙这个了。"突然他意识到这种拉家常太过随意，也就不多说，赶紧坐了下来。

考评组一阵笑，化解了他的尴尬："哈哈，白总你这才是真正的心系民生呀！"

白云忙道："哪里哪里，大事做不成，只能做做这样的小事。"

追寻百年后
第一枪
刘宝林

刘宝林：
民营医药通九州

文/付小为

> 在中国，首富总是一种传说。
>
> 被传说者，生活在半人半神的语言之中，一举一动都被广为宣扬。
>
> 对刘宝林来说，创业路经历的坎坷没比任何人少，在民营医药体系内，他取得的成就，和在这个行业建立的新业态，并不是只言片语能够讲完。
>
> 一夜之间，仿佛都成为一个符号，一个标杆。
>
> 你听过他不少故事，这段故事也必须被再次提起。

在"百年老店"的信念召唤下，他心无旁骛。十年辛苦，除了刘宝林本人，更有周围师长、合作伙伴和员工们的见证。

但这仅仅是第一个十年。对九州通和刘宝林来说，一切，才刚刚开始。

医药市场的尚不规范与药品体量的想象空间，促使刘宝林从近乎本能的"我执"到对形势的愈发把握，资产与规模雪球滚动似地增长。对雪球核心——原始资本的取得，运作，转动，外界雾里看花的疑虑未曾停止，九州通所受到的关注和质疑与任何上市公司无异。

从踏上征途的那一刻，九州通就一直走在通往愈发明亮的道路，对刘宝林个人，越来越好不是困苦艰难的解脱而是精神满足的愉悦，加诸其身的负担则从对几百人负责到对数千人负责，在越来越多之于众的信息面前，也绝非只有闪光灯下的赞美。

厚积十数载

1999年国家正式允许民营企业进入医药流通领域。同年，刘宝林和三弟刘树林共同出资200万注册武汉均大储运有限公司（九州通集团前身）。此后，两人先后三次以现金方式增资，短短半年，武汉均大注册资本增至1100万元，比成立时增长率达450%。

在接下来的3年，刘氏三兄弟（刘宝林、刘树林、刘兆年）先后14次以现金方式增资，截至2002年7月武汉均大公司注册资本达7600万元。

2003年起，武汉均大引入中山广银、上海弘康、武汉楚昌、北京点金4家投资公司，根据招股书，上述4家投资公司的资金大部分来自刘氏三兄弟及其家族从事"零星的房地产、饭店业务"、20世纪90年代末至21世纪初在各地医药市场经营多年所赚取的利润。

此后，作为上述4家投资公司实际控制人的刘氏三兄弟又先后13次向拟上市公司注

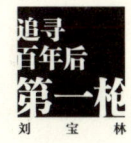

资1.9655亿元,这年,武汉均大正式变更为九州通,并确立"医药批发、零售连锁及药品研发生产"为主业的全新定位。

一系列看似复杂的资本倒让、增资扩股不过是早年漂泊印迹的挥之不去。

赤脚医生、血防医院医生、夹河沟泵站职工医院负责人的角色演变后,1985年,刘宝林重新选择,下海承包了老家应城市天鹅镇镇上的供销社医药商店,进而从镇上出往应城市区。

彼时医药流通严格限制在国有企业之下,任何私营都以挂靠的方式依附于国营机构。在几年发展中,他已经把触角伸往更远处,尚在应城的时候,他在广东等地有了医药摊位,集散式经营,在对应的医药市场租赁摊位,经营所得纳税后即是利润。"我在全国各地租摊位,我喜欢做全国的。"刘宝林的商业版图如此朦胧地勾勒着。

1989年,国家拉紧个体经营的闸口,大力整顿民营企业,刘宝林的经营资格丧失,在这个过程中,他没有竭力争取经营权的保留,而是奔走异乡,远赴海南。

在海南可以办到医药经营许可证是刘宝林忍痛背井的原因。他不曾想到,应城多年打拼分散集成的销售规模数千万与外面的世界相比,不过是小巫见大巫。离开应城的刘宝林坐上了资本积累的高速列车。他拿着海南的许可证在全国各地设摊定点,线路明确,对应医药市场设摊并请人经营,辐射面越来越广。"你在广东那边去,那边卖药的也都知道我。"刘宝林自言。

药品经营的禁止民营让刘宝林选择了多管齐下,在医药批发的同时也有炒股、炒房。但1999年国家开通民营企业进入医药流通领域的伊始,他便在武汉市招商引资的背景下重返湖北。虽然武汉市场的同业人对他如雷贯耳,但也是在1999年他回到武汉组建公司起,他多年积累的主要资金才渐渐回流。

在公司走向正轨的路上,熟识的人,从朋友到兄弟都相继为九州通奠基。

八十五岁的王桂荣(化名)在刘宝林还在天鹅镇上经商时就有过交道,刘宝林总是一个人挑着扁担到武汉,找这个原国营企业供销社的负责人进药,疲乏而大汗淋漓是她最常见的刘宝林形象。同事听到些个体户不可靠的传言便会怀疑刘的信誉,王桂荣却力排众议地坚持为刘宝林供药。只因为一次采购中,王桂荣为刘宝林推荐一个销量极好的药,刘宝林踟蹰地说:"可是,王师傅,我现在只带了两万块。"诚信的作风令王桂荣对刘宝林信任有加。

九州通开张之初,刘宝林想把退休的王桂荣请到公司,让其把关业务管理,王听罢有些犹豫。刘宝林一句"我不是要您把业务带过来,我只是想请您帮忙管理"让王桂荣吃下定心丸。近两年的管理期间,她把国有企业内部的那套业务管理制度搬进了公司，使得业务部门的运作严谨有序。

如今，刘宝林会不时地给王桂荣打电话问候，言语中"师傅"称不离口，对此，王桂荣以"受之有愧"来形容，在她坚持之下，她不希望记者提及自己的本名。

另一个重要人物则是刘宝林的四弟，中国人民大学法学院博士毕业的刘兆年，在九州通上市招股说明书中，他以九州通副董事长身份出现。这个熟稔"概念"的专家完成了九州通各地摊点的公司化，因应的资本收回集中解答了十数次的资本倒转。2003年左右，在刘宝林的全力说服下，他才真正进入九州通公司，成为募集资金，推动上市的"影子老板"。

"家"企业

"暂时在这里发货，从基层做起，是金子总是会发光的。"田向阳还记得2003年刚刚从应城工行辞职来九州通工作，刘宝林得知后专程与他谈心时说的话。现在的他，已经是九州通湖北分公司的仓储部部长。

九州通的严明纪律与"家"式管理并行不悖。公司护栏处有温馨的新员工介绍，各项活动组织，也有绩效考核公告与小至"乱扔馒头"、"未带工牌"等细节问题处罚。

各部门有权上报内部贫困员工名单，而这些员工在过年的时候都会得到老板的登门拜访与贫困津贴。

刘宝林将自己的主要职责定位为决策者和金牌"保姆"，倡导"领导为员工服务，员工为客户服务"的理念。他笑言，"对那些引进的人才，只有把他们照顾好、服务好，才能发挥这些人的创造力，企业才能更好发展。"

每天工作至深夜，新系统投入生产的最初阶段还要专程查探，每个月至少到仓库一次，与一线人员交流，刘宝林自认没有什么爱好，如果有，那或许就是工作。这与他员工的说法如出一辙。

于是，他把家安在了办公室旁，走出办公室，推开另一扇门，那就是刘宝林的家。这个试图打造企业"家文化"的人，索性把家安在了企业里。

天下明药业公司的负责人徐新明在接受《鄂商》采访时，用"勤奋、远见、节俭"概括了他的这位老"对手"。他历经国企转制承包，见证了九州通逐渐壮大的整个过程，坚持、累积、壮大在他看来是谈不上奥秘的必然。"客大压行，行大压客"，湖北鑫海药业董事长陈德智更为精当地与徐新明不谋而合。

在徐新明看来，九州通的上市对医药流通业意义重大。这个因不够规范而集中程

　　度低的行业需要一些领头羊带领一批有潜力的企业站起来，把不合规范、恶意竞争的企业挤出市场，还药品本该有的品质。

　　刘宝林和他的企业已经不再是孤战独军，他承载了具规模民营医药物流企业的希冀。如今，长途远征后的上市，不过是漫途又一生命活力的注入与重启。

资料来源：
鄂商杂志《刘宝林的征途》2010年11月04日

追寻百年后第一枪
胡中元

胡中元：
激光是这样炼成的

文/《创业家俱乐部》

他不懂激光也不懂电气，在做激光之前，他没有见过激光机。如果说有点"行业"经验的话，他炼过钢铁。他说，钢铁能炼成的人，什么都能炼。

一个为理想而坚持的他

他青年时期在襄樊钢铁公司工作，由于他对工作求真务实的严谨作风，善于思考、勤于谋划的聪明才智，年仅25岁的胡中元便被提拔为保康县副县长。他从小就立志长大后要有属于自己的工厂，毅然放弃了多数人所梦想的公务员工作，选择了在钢铁公司继续工作。他觉得自己更适合与钢铁打交道，26岁那年，他在钢铁公司已经是如鱼得水，由于表现优秀，被任命为钢铁厂厂长。

一个有胆识有谋略的他

1995年，钢铁危机，几乎所有的钢铁公司都面临着倒闭的危险。那年他所有资金才99元。仅拥有99元资金的他竟然想到了承包一个炼铁厂，创办第一个属于自己的企业。相信知道他当时仅有99元而承包炼铁厂的人一定会认为他是异想天开。可是，他做到了。

第一天，他找自己的亲朋筹集到4.6万元，将自己身上的每一个口袋都装得满满的，回到工厂后信心十足地告诉所有的工人筹集到了一半的资金，并告诉他们明天他还可以筹集到更多的资金。

第二天他神情飞扬地来到工厂，告诉所有的工人他筹集到了90%的资金，手头资金仅差几万元，他有信心可以把厂做大做强，只要大家齐心合力，厂子立刻便能启动，且一定能够给他们每位参与投资的人以丰厚的回报。

就这样，在他的号召激励下，工人们纷纷掏钱投资，誓要将厂承包下来，将厂做大做强。在这种力量的感召带动下大家都参与投资入股，承包厂子的资金就这样一下子凑齐了。工厂承包下来了。

接下来抓生产，拓市场，他带领职工实现了一个又一个的飞跃，经济效益连续攀升，年产值2000～3000万元，年盈利在100～200万元左右。随后他又收购钢铁厂，投资冶金厂，投资上千亩的农场……

一个善于把握机遇的他

那一年，他去无锡旅游，偶然与一位做电柜生意的朋友认识时，接触到了电柜。

朋友给他介绍了世界500强企业美国麦克维尔。当时他手头已有了37万元人民币,但是距对方的要求,差之甚远。

美国麦克维尔的条件是:需要考察合作方,且需要满足以下三点:1. 1000万的资金;2. 漂亮的现代化厂房;3. 完善的企业管理。

显然他资金不足,仅有一家钢铁厂,管理也很欠缺,但是他做到了。他经过思考,认为襄樊大力集团符合美国麦克维尔的条件。于是他主动去大力集团找该集团总经理。刚开始大力集团并没有合作意愿,他坚持不懈,先后去了8次,他的努力与真诚感动了大力集团老总,该集团老总最后答应与他和美国麦克维尔的合作。

得到这样来之不易的机会,他十分珍惜,在接待考察团的工作上表现得体,最后顺利通过了美国麦克维尔的考察,得到与麦克维尔的合作机会,开始了对电柜的投入生产。

2007年底他的电气产品打进了北京奥运；2008年他的电气产品销往欧洲等28个国家；他的企业成为美国麦克维尔、日本大金公司长期的战略合作伙伴。

一个审时度势顽强拼搏的他

考虑到企业的发展,2007年他携团队转战经济发达、人才云集的江城武汉,把武汉作为了他的第二战场,这也是他梦想再一次腾飞的起点。他将生产基地驻扎到了武汉市江岸区永红工业园188号。

2007年刚来到武汉,企业规模还比较小,所有工作人员不足十人,并且都很年轻。当时每月的生产能力为20——30台。

2007年5月3日,是难忘的一天。这一天胡中元接到了美国麦克维尔的订单——一个月内生产96台电柜,对于当时正常的生产能力而言,一个月内完成这96台电柜是完全超负荷的,是日常工作量的三倍。然而他与搭档企业副总曾建成带领团队,再次做到了。他告诉他们这96台电柜有着特殊的意义,它们将为北京奥运会所用。虽然不能直接为国争光,但在奥运场馆里面,也流淌着天琪人的汗水,想到这里,天琪人都特别认真努力。

一个创造奇迹的他

好一句"他能做,我也能做"。他并不懂激光,就凭着这样一种简单的信念,投入到一个全新的高科技产业。

"想到做到,做得更好"是他的经营理念。2007年8月份他想到做激光,9月份武汉天琪激光设备制造有限公司正式挂牌成立,并开始投入生产。成立初仅7名员工。10月份第一台激光打标机成功生产出来并销售。11月份他参加了上海的工博会。

同年的12月他决定投入固体激光切割机的研发。他认为固体激光切割机将是未来的主发展方向,认为固体激光切割机前景广阔。

他带领公司技术骨干李学文、林从春到各个地方,各个单位学习、调研固体激光切割机的研发。

2008年2月18日第一台大幅面、中幅面固体激光切割机正式开始研发。在当时,很多人都认为固体激光切割机不可用于工业领域。有很多人嘲笑他。但是他并不为之所

动，他还是坚定他的信念，带领他的精英团队继续研发。

2008年5月10日，是不平凡的一天。中国第一台3015大幅面激光切割机，中国第一台301510中幅面激光切割机在他领导的天琪人手中诞生了。为他，为企业，为这个行业，为全中国创造了奇迹，填补了国内大幅面、中幅面固体激光切割机的该项空白，天琪也成为激光行业的龙头老大。

第一台3015大幅面激光切割机销往重庆，第一台301510中幅面激光切割机销往温州。

从研发到产品正式生产成功仅仅用了两三个月时间，这是他带领的优秀团队所创造的奇迹，是天琪的奇迹，里面蕴涵着天琪人的理念、天琪人的智慧、天琪人的精神。

目前他的激光产品已使中型、大型企业全面走向工业化。激光行业内都在向天琪激光看齐，以天琪激光产品为行业标榜。

一个拥有一个精英团队的他

"我想看看孩子，我好想他们。"为了大幅面、中幅面激光切割机的研发，两个多月来没有回家过一次，连自己孩子出生都没有回家去看一眼，直到大幅面、中幅面激光切割机正式生产成功后，终于忍不住说了这句话。这就是他的精英团队成员之一——李学文。他的精英团队创造了天琪。

他的一位客户在山东廊坊经营地铁产品的切割加工，在廊坊有500多家经营切割加工的企业。该客户2009年在他的企业购买了4台天琪激光切割设备，2010年的元旦，客户亲自打电话给他说："我以前在我们这排行276位，目前我是NO.1，是我们这的老大了，是胡总您支持了我，让我实现了企业的飞速发展，2009年的净利润为2000万。"客户强烈要求他到廊坊去，并热情招待，两人饮酒，高兴而醉。

他实现了"一台激光切割机创造一个企业；一台激光切割机，三个人每月能创造8~10万元的利润；有了一台3015激光切割机年利润百万不是梦想；一台激光切割机是中国的一个中小企业的诞生，使中国企业人士实现了创业的美梦"。

一个为明确目标而努力奋斗的他

他不懂激光，可以说对激光一窍不通，而他却做成了国内固体激光行业的龙头老大。目前有70多家激光企业都在向天琪学习制造激光切割机。天琪激光开创了激光切割行业的新纪元，天琪激光切割机推动了行业产品的转型。

天琪激光目前生产设备380多台，企业产品遍地开花，不仅在国内，还远销马来西亚、越南、新加坡、印度等国。

天琪激光设备制造有限公司，仅用2~3年时间就由一个名不见经传的企业发展、成长为今天国内知名的激光品牌企业，源于他的精明决策与指导以及他对事业对理想孜孜不倦的追求与进取。

他认为，做企业就是做品牌，不是为挣钱。天琪要为中华民族争光，为武汉制造争光。

他以及企业毕生的奋斗目标是：2~3年时间内做成上市企业；5年内做世界一流企业；10~15年内做世界顶级品牌企业。

他是胡中元，天琪集团董事长，2009年荣获建国60周年武汉市"十大杰出创业领军人物"荣誉称号。

卢士海：
"防爆玻璃膜"卢士海造

文/何娟

56岁的卢士海是一个仿佛不知疲倦的老板，刚从俄罗斯分公司处理完事务回来，又马不停蹄地飞往上海、福州、北京去约见客户，在他的身上仿佛有用不完的精力。

一块普通玻璃，一个弱小女子用一块砖头就能把它击碎；而同样是一块普通玻璃，健壮的小伙子用铁锤敲砸，砖头、铁锤轮番上阵，可玻璃还是安然无恙。

神奇的不是玻璃本身，而是中间那层不到1毫米厚的防爆玻璃膜。

这种和纸张厚度相仿的防爆玻璃夹膜用在普通玻璃上后，能够抵御锤击、电钻、爆炸、子弹的袭击。除高强度外，该安全膜还具备比一般概念玻璃膜有更高的隔热性、防紫外线性、透光性和反光率。

然而限于技术条件，长期以来，防爆玻璃膜长期依赖进口，国内玻璃安全防护技术始终没有得到突破。

2007年11月，在历时13个月不懈努力、实验了120余次、砸碎了16吨多的玻璃后，武汉泓锦高分子材料有限公司的卢士海与他的团队，改写了历史，自主研发出PVB膜片，填补了国内在这一领域的空白。

选择创业：两餐饭的触动

56岁的卢士海仿佛是一个不知疲倦的老板，刚从俄罗斯分公司处理完事务回来，又马不停蹄地飞往上海、福州、北京去约见客户，在他的身上仿佛有用不完的精力。当年一个政工干部下海创业，凭的也是这股子拼劲和气魄。

"我过去当铁道兵很苦的，人在启蒙阶段塑造了个性。"用卢士海自己的话说，当年在部队的艰苦生活为今后的创业生涯奠定了基础。为何从部队出来后放着好好的国企不呆，而要突然下海，都与自己的个性有关。"我人生中有两次很重要的选择。一次是转业时，没有选择去铁道部；第二次是不当国企干部了，选择下海创业。所有人都说我疯了，但我自己清楚没有这两次选择，就不会有现在的我。"

当时并不知道未来怎么样，人生之舟将会驶向何方。这一年卢士海37岁，妻子也刚刚与自己离婚，然而，卢士海义无反顾地踏上了这条道路。

一次广州之行，让年近不惑的卢士海触动很大。

"当时的企业在广东进口了一批化工原料，派我去深圳，这期间对我触动很大的是两餐饭。"卢士海记忆犹深。"一次是在广州，那时每月工资是80块，我们五个人一顿早餐吃了200元。另一次是在深圳，吃西餐，就是空心面和煎鸡蛋，一个人用了

60多块钱。结果吃不惯,饿了一顿。我就想,原来内地老百姓当时的生活原来和广东沿海地区的差异这么大。"这种感慨让卢士海萌发了要为社会做点什么的念头。

"先是做涂层,在沙市化工市场做了5年,但当时市场已经基本饱和。在别人的建议下,开始做汽车底盘涂层。"1992年8月15日,卢士海创立了自己的第一家公司——湖北英华密封材料有限公司。

这是一家专业生产汽车胶黏剂、蜡系列产品、阻尼片材料及车用辅助产品的企业。卢士海先后自行引进技术人员、购买设备和生产线,在这个全新的领域慢慢地做起来。当时公司还与中国海军工程大学合作建立了技术开发基地,有了这些技术合作伙伴,公司在车辆制造业、汽车维修市场、未来的轻型火车制造业、家电制造业、电力网络业的优势逐渐发挥出来了。

紧接着,武汉神龙汽车有限公司、北京吉普车有限公司等国内大型的汽车公司这样一批知名的客户随后就纷至沓来,从没有任何市场经验到技术、生产、销售都管,卢士海这一路走得很顺利,在英华公司的事业蒸蒸日上的时候,不满足现状的他又开始筹备起新的项目。

华丽转身,投身特种材料

在化工行业里摸爬滚打了这么多年,凭着对这个行业的了解和前瞻性,卢士海果断地投身到特种材料行业里。

PVB是Polyvinyl Butyral聚乙烯醇缩丁醛的简称。第二次世界大战后期,美国国防部由于军事领域对玻璃安全性及透光度的要求,指定开发这种具有特殊功能的粘接片材。

聚乙烯醇缩丁醛中间膜(俗称PVB膜片)是一种厚度在0.2mm–2mm(根据使用要求不同厚度不同)、无毒、无味、表面粗糙的软质片材,由PVB树脂和增塑剂经过混炼基础流延形成,它以优异的隔音、隔热、抗穿透、防紫外线和对无机玻璃良好的粘连性功能成为夹层玻璃的最佳粘合材料。

在2004年,卢士海成立了武汉泓锦高分子材料有限公司,致力于生产各种高分子材料、建筑材料、汽车配件、五金工具等。

经过两年的发展,"泓锦高分子"在同行业的知名度就起来了,形成了国内稳定的客户群和成熟的直销网络,产品同时向海外出口。为满足营业范围和客户资源不断拓展的需要,2006年公司投资4900万元引进专家级PVB生产人才,自行设计、制造、安装。年产2500吨的安全夹层玻璃用PVB先进大型生产线,专业生产PVB中间膜,并与国际知名的PVB跨国公司建立了长期密切的技术伙伴关系。"当时真的没有想太多，基本上是不计成本地在做。我们核心团队只有6个人，当时大家真的是超负荷工作，技术人员顶不住的时候，大家就一起鼓劲，加油。但最困难的是没有专业设备，现在好了，现在做出来了。"卢士海说。

由此，"泓锦高分子"成为华中地区、湖北省第一家生产PVB中间膜的大型供应商，其中PVB汽车用膜技术处于世界第四位，太阳能光伏用PVB膜技术处于世界第三位，在汽车和太阳能光伏产业两个领域的技术的前瞻性，提升了公司业务价值和企业综合竞争力。

"一招鲜吃遍天"，有了这些技术的支持，"泓锦高分子"的产品在向车辆制造业、汽车维修市场、轻型动力火车制造业、太阳能光伏产业、建筑装饰业延伸。产品质量已得到如福耀集团、上海耀华和耀华皮尔金顿等著名汽车安全玻璃生产厂家认可，并形成批量供货。

审时度势，攻克技术壁垒

公司的发展势头如此良好，卢士海总结当前国内外太阳能光伏产业和汽车及汽车配件市场需求形势和公司的运营状况分析确定，进一步扩大公司的生产规模、生产高附加值的产品、提升公司的市场竞争力和盈利能力是当务之急。他又开始了马不停蹄的奔波，召集各路技术人员通过对PVB膜片市场的调查研究，对工程技术方案、原材料采购、设备选型等方面做了调研论证，决定在原有一线的基础上，扩大生产规模，上第二条生产线，主要致力于太阳能PVB膜的生产。并进一步加大对现光伏产业大量使用国外TPT产品进行技术开发和市场开发，参与国外市场竞争，填补和提高中国在这两个领域的竞争能力。

根据中国塑料加工协会统计数据，国内市场需求远远大于实际供给量。2006年中国市场对于PVB玻璃中间膜的需求应在25万吨以上，而实际供应量只有16.4万吨，预计2010年中国市场需求量将达到40万吨，而供应量仅为26万吨，2007年国内市场总额近100亿人民币，预计2010年将达到142亿人民币。

这一组的统计数据让卢士海和他的团队看到了无限的市场潜力和商机。

由于国内厂商的技术瓶颈，国内市场目前几乎被国外品牌所垄断，2007年国产品牌份额只有1.5%，2010年达到6%，约6.6亿元人民币。

国际上四家公司占据了中国市场的80%份额，但市场份额持续下降，首诺在全球市场的份额最高，约为50%；积水在中国市场的份额最高，超过30%。2009年首诺汽车

膜大部分已停产，杜邦现已退出PVB膜片市场。

成功的中国PVB膜片生产企业需要在拥有自有技术和配方的基础上生产出质量稳定的产品，并同时保持对国外同类产品的成本优势。高瞻远瞩的卢士海分析了武汉泓锦公司的生产技术优势与不足，优良的配方和工艺、稳定的产品质量、获得行业质量标准认证、完整的PVB膜片产品线、以及在该领域积累的客户资源与人脉关系，都是公司巨大的财富，当前不足的是持续的研发投入和技术创新，只有加强这两方面的投入，才能为发展汽车玻璃中间膜和光伏电池封装膜提供技术支持。

在卢士海及他的团队不懈的努力之下，泓锦PVB产品已得到国内汽车主机厂的认可。东风雪铁龙、标志汽车、东风柳汽、湖南长丰、比亚迪、吉利等主机厂，前后均与为提供配套的福耀集团、耀华玻璃、圣戈班（上海）公司、杭州玻璃、常州汽车安全玻璃公司进行深度沟通，指定武汉泓锦PVB膜片作为其汽车制造厂汽车安全玻璃PVB膜片的二级配套供应商。

高瞻远瞩，迈向国际市场

目前，泓锦PVB产品客户已近40家，包括了国内多家知名玻璃生产厂商。公司目前的销售及售后服务网点覆盖全国五大地区，超过二十个国内主要城市。

泓锦拥有独立的进出口权，且有多年以来丰富的出口谈判和操作经验，其产品受到俄罗斯、欧洲、东南亚、中东和非洲客户的欢迎，并用在了法国雷诺汽车整车上。泓锦也是全国唯一获得汽车行业最高标准TS16949：2002认证的汽车玻璃PVB中间膜生产企业，产品技术达到世界先进水平，并具有相当高的技术壁垒。

建筑级和汽车级PVB膜片均通过了国内最高权威机构秦皇岛国家玻璃质量监督检验中心的检验。主要产品获得福耀玻璃的权威的认证。

最可喜的是，前不久光伏电池封装膜生产技术趋于成熟（以行业领先品牌佳士福为基准），样品已送交相关鉴定机构检验。这些成功的取得都与总经理卢士海坚韧不拔、昂扬奋进的人生态度是分不开的。正当同行觉得泓锦已经发展得日臻成熟的时候，不知疲倦的卢士海又开始了他的宏伟计划，他计划在未来适当的时候在美洲等地设立泓锦的分公司，等工业园建成，再新增建10000吨PVB膜片生产线。公司计划在新的PVB生产线建设的同时，拟建设一条年产10000吨汽车级PVB膜片专用树脂生产线，在数量与质量上满足公司PVB原料供应的需求，可新增产值10亿元。

卢士海已经从当年的门外汉，俨然成为该行业的佼佼者。他深知中国的PVB行业起步晚，国产PVB树脂质量和国际水平有一定差距，绝大多数厂商的产品只能用于制造低端的建筑玻璃膜片。他所带领的精英们成功研发出的使用国产树脂调配生产高端PVB膜片的技术，不仅会使膜片产品质量达到国际标准，更推动和加快了中国企业迎接当前汽车行业蓬勃发展，参与世界市场竞争的步伐！

追寻百年后
第一枪
张先炳

张先炳：
"疯子张"的降解材料

文/何宽

张先炳是个非常繁忙的创业家,很少有时间安静地坐下来吃一顿饭已经成为生活常态。每隔月余,他就要接待一批来自日本和法国的客户。这些异国的客人对华丽环保科技有限公司(下简称华丽环保)的产品PSM(塑化淀粉降解材料)很感兴趣,作为公司的创始人,张先炳要负责陪同、讲解,十几年的国际谈判经验,让他对这样的会晤游刃有余。

在接待完日本人和法国人以后,张先炳还要继续与投资伙伴洽谈融资的具体条款。这是华丽环保的一个转折点,张先炳自然要全程参与。投资者找上门让他觉得既是好事也是坏事:好事是资金变得充裕,公司能够提前进入高速发展通道;坏事则是投资者都是狼性的,嗅到金钱的味道就像野兽闻到了血一样,谈判漫长而艰难。

很少有人60岁时能像张先炳这样精力充沛,从早到晚,工作从不间断,即使是年轻人也很难做到。他现在一般只能记住日期,"今天星期几"这种问题对他来说毫无意义,反正没有周末,记得也没用。张先炳说自己还年轻——至少心态很年轻,在外人看来一个花甲之年的人说出这番话多少有些狂妄,但是了解他的人都知道,这个偏执的老头几乎无所不能:教过书,从政近10年,1993年跟随潮流下海从商,50岁时决定进军从未接触过的环保行业,随后成为该领域年龄最大的工程学硕士,并参与制定《国家塑料购物袋强制性标准》。

张先炳把这些归因于自己的执着性格。"能做成这些事情的人不是疯子就是傻子,"张先炳说,"而我两者都是。"

偏执的门外汉

张先炳早期从事令人羡慕的房地产行业,作为职业经理人,在那一轮地产"淘金热"中他算是从中小赚了一笔。对于张先炳来说,这是原始积累,是他找寻自我价值的基础,他需要这些财富来帮助他找寻机会。

几乎所有成功的人在多年之后回想起来都会发现,总是人生中一些细微的小事改变了他们。1997年,张先炳在香港《大公报》上看到了一条消息:武汉研制出了一项淀粉可加工塑料的技术。张先炳是武汉江夏人,他对这条来自家乡的消息很感兴趣,从来没有接触过环保领域的他觉得也许这是个不错的商机。他很快联系上了报道中的华中农业大学,经过几轮磋商和细致了解后,张先炳决定投资这个项目,希望这项技术能尽快实现工业化。"那时候在国内,这项技术尚属空白,而即使是在国外技术也并不成熟,许多淀粉塑化材料都难以符合使用标准。外国人都攻克不了,我却想试一试。"张先炳回忆当时的情景仍十分激动。

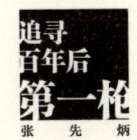

"试一试"的决定让张先炳从最初的20万元投资追加到了200万元,但是研究成果却始终没有实质性的突破。张先炳说自己是一个奇怪的人,"越是让自己栽了跟头的事情越是要做好"。在200万元打了水漂之后,一般人大多选择止损退出,性格倔强的张先炳却下定决心要攻克淀粉改性塑化技术的难题。他自己开始查阅相关的资料,他找到了同样在做这项技术研究的王世和。王世和当时是华中科技大学的一名普通老师,他对此研究领域相当感兴趣并且发表过一些学术论文。张先炳的慕名而来,让王世和颇有些惊讶,他几乎都快忘掉那些论文了,没想到居然会有一位年过五旬的读者前来登门求教,只是这个读者显然并不那么好"对付"。

在很长一段时间里,张先炳几乎天天和王世和在一起向其讨教,王世和也一直充当着张先炳的老师角色。张先炳能够迅速从这项领域的"门外汉"直升为"专家",王可以说是张的领路人。2000年,张先炳和王世和以共同申请获得的发明专利为基础成立了华丽环保科技有限公司。

晚上过桥的人

"两座山之间是万丈深渊,连接的只有一座独木桥。白天过桥的人,因为能看清形势变得恐惧而不敢前行。晚上过桥的人由于看不清楚周围的状况,没有畏惧心理,所以径直也就过了。"张先炳把自己形容成晚上过桥的人。"正因为我事先对这个领域毫无了解,所以我才能走到今天。"他有时候也会问自己如果重演一次自己是否能坚持下来,这个答案他自己也不清楚。"我是过桥之后才发现脚下如此险恶。"

华丽环保创立之初,张先炳通过各种渠道搜罗到了全国各地的研究专家信息,接着他花了近一年时间飞遍了全国50多个相关的科研院所,辗转求教了百余位专家。

在亲自搞研究做实验外,张先炳也在积极筹资购买实验和生产设备,并开始建造厂房。华丽环保最初加上张先炳自己只有8个人。2002年1月进入华丽环保、现任公司副总经理的汤运章回忆,东湖开发区那时候几乎是一片荒地,连公路都没有,坐落在开发区的华丽环保与外界近似隔离。公司没有食堂,张先炳和他们经常要走三四公里的路才能找到一家饭馆。由于公司需要引进大量设备,八大金刚还肩负着修路的使命,有将近半年的时间,张先炳白天带领大家修路建厂,晚上则加班做实验,一种新型的环保低碳材料PSM就是在这样的艰难环境中诞生的。

2003年,张先炳陷入了人生第一次绝境。虽然初具雏形的PSM材料已经在2002年底研制成功,但是他做地产生意时积累的财富几乎全部投入到了PSM研究中。因为公司一直处于研发阶段,并没有任何的利润效益。到了年中,张先炳已经从一个大老板

追寻百年后
第一枪
张　先　炳

变得身无分文,需要借钱度日。"最困窘的时候,家里连一个硬币都找不到。"张先炳说,"当时,他和华丽随时都有倒下的可能。"

那段时间,张先炳承受着巨大的压力,几乎所有的家人和朋友都在劝他放弃。张先炳却一直坚持,他是一个好强的人。汤运章回忆当时难忘的情景说,有一次张先炳在外边奔波筹钱,给他打电话说明情况,张一度在电话里哽咽。这是汤运章第一次清楚感受到张内心的痛苦,也是仅有的一次。

"疯子张"的赌局

为了支持他热爱的事业,老伴儿最后拿出了自己10万元养老钱,尽管她从一开始就坚决反对张先炳搞科研做研究,她觉得丈夫是"不务正业"。老伴儿曾经开玩笑地对张先炳说:"哪个女人要是找了你做情人她可就惨了,看电影没人陪,逛商场没人陪,恐怕连说话也挤不出时间。"

对于妻子的指责,张先炳也确实感到愧疚,他承认自己"1/3的时间在国外考察,1/3的时间在国内跑市场,剩下的1/3时间大部分都待在公司做实验"。张先炳心里一直都很感激妻子的大度和宽容。

在接下来的一个月里,张先炳做了一件近似疯狂的事情。2003年7月,他用这10万元包下了武昌滨湖大厦酒店的其中一层,组织了一场融资洽谈会,邀请了10余家风投公司。这是张先炳人生中最大的一场赌局,而他的筹码仅仅是没有经过市场认证的PSM产品和他掌握的技术。在简单的介绍后,嗅觉敏锐的风投公司对PSM产生了浓厚的兴趣。几家风投公司给张先炳提供了三种选择:一是不看公司财报,投资4000万元;二是6000万元以下价格随便谈;三是按照实际资产进行评估。融资的过程比他当初想象的要容易顺利得多,最后华丽环保和长江基金"牵手联姻",1600万元投资先后到位,华丽环保重新燃起生的希望。

2006年,张先炳将自主研发的PSM材料送去布鲁塞尔的OWS(Organic Waste System)实验室进行检测。令他没有想到的是,OWS竟然拒绝检测。因为在此之前,中国没有一家企业能够顺利经过检测,而检测费用非常昂贵,许多没合格的企业于是拖欠了检测费用,致使OWS不再信任前来检测的中国企业。张先炳于是换了一种策略,他当场反问接待他的OWS人员是否有检测资格。这让OWS的工作人员非常恼火,于是将这个前来"闹事"的中国人通报给了主管布朗。

布朗过来后,张先炳向其询问了许多关于降解的专业问题,包括土壤取样、温湿控制等等。在交流过程中,布朗发现眼前的这个中国人学术水准并不低于自己,并且还能提出有效的建议，这让布朗非常意外。布朗请张先炳吃饭，并且答应帮其检测。两人相谈甚欢后，布朗给了他友情价，只收取了20万元基本费用。检测结果令布朗再次意外：欧盟的标准是降解材料要在6个月完全降解，华丽环保的PSM材料只用了6周就做到了，是所有降解材料中降解效果最好的。

在张先炳大胆疯狂的决断下，华丽环保的PSM很快就打开了市场。2009年，华丽环保的销售收入达到1.2亿元，净利润突破2000万元。这样的成绩对于张先炳来说，仅仅只是一个开始。他想利用先发优势完善整条产业链，包括上游原材料、机械设备制造和制品加工等。他说降解材料在中国还很难推广，困难重重，要走的路还很长。

追寻百年后第一枪
施铭德

施铭德：
防腐涂料的"航空母舰"

文/陈静

压力就是动力，施铭德从开始高性能防腐漆新产品攻关就将铺盖搬进了实验室，完全进入忘我状态，专家教授也在其感召下，一道废寝忘食、不分昼夜地工作、攻关。产品一经问世，立即招徕国内外厂商如雪片般的订单。一度被中国防腐涂料界称为奇迹。

风景如画的汤逊湖畔，矗立着一座现代化工业园：明亮的写字楼、厂房，自动化全封闭的流水生产线、设施齐全的实验室和检验室、环境幽雅的生活区，树木苍翠、绿草如茵的环境让你无法将其与涂料产业基地联系起来。这就是施铭德17年来呕心沥血、勤奋创业的结晶——武汉铁神化工有限公司。目前这个生产基地具有年产5000吨各类防腐漆的生产规模。

为"中国制造"舍身下海

1993年，武汉时代科学研究院进行了一次课题调查，调查显示：我国每年因腐蚀造成的直接经济损失高达2800亿元人民币。上世纪90年代初，这种行业内同类调查的经济损失数据早已司空见惯，这个"2800亿"却令作为一名普通科技工作者的施铭德忧心忡忡。

那年施铭德正值而立之年，他了解到：据国际防腐专家测算，若采用涂料对材料的表面进行保护，则可以挽回至少30%的因腐蚀造成的损失。也就是说涂料的保护就可每年减少至少840亿元的直接经济损失。而缓解这一损失的唯一途径就是大量高价进口国外高档涂料、重防腐涂料，虽说这一方法不失为"节流"之策，可昂贵的进口货给国家造成了高额成本，实为下下策。

以最低的成本投入最大限度地减少损失就等同于创造了新价值，当务之急，研制出中国制造的防腐涂料才是真正的"开源节流"上策，施铭德决定研发高性能的防腐蚀漆以替代进口产品。

辞去令人艳羡的"金饭碗"，施铭德组织起几位高校专家教授作为技术骨干，当年就成立了武汉高校新技术研究所。在进行了大量的市场调研、资料收集、数据分析后，施铭德居然选择了起点高、科技含量高的新型防腐材料为主攻方向，这一过于自信的选择无形给专家团队造成压力。压力就是动力，施铭德从开始攻关就将铺盖搬进了实验室，完全进入忘我状态，专家教授也在其感召下，一道废寝忘食、不分昼夜地工作、攻关。

拥有野狼般合作精神的团队力量是惊人的,在经过上百次配方设计、实验后,他们终于解决了HCPE的脆性和附着力不强等一系列难题,研制出全新的高科技产品——HCPE特种带锈防锈防腐漆。

市科委主持了该新产品科技成果鉴定会,专家们一致认定这项技术是当下新材料、新工艺、新技术的结晶,填补了国内空白。其耐强酸、耐强碱、耐盐水、耐盐雾、耐油类等腐蚀性化学品的功能十分强大;其漆膜坚硬、柔韧性好、干燥迅速、附着力强、常温固化快、使用方便、使用寿命长（耐老化性超过国家标准的2.5倍）等物理指标极佳；而且具有保色性好，可自行化学防锈除锈，综合成本低等优点，多项技术指标达到国际先进水平。

传统的防腐涂料如氯化橡胶、氯磺化涂料在制造时能产生ODS物质，破坏大气臭氧层，而HCPE特种涂料则是取代、超越它们的绿色环保产品，国家科委在公司召开现场会，并发文向全国各行业推广应用；该新产品被列入国家星火计划和武汉市科技计划新产品项目，对于施铭德而言，这个产品能填补我国防腐事业空白的意义更重要。施铭德出名了，他却消失在媒体的视野中。

施铭德带着他的研究班子继续钻研苦干，两年内陆续研制开发成功HCPE船舶漆系列、TS高聚物合金重防腐涂料、PH耐高温防火防腐蚀涂料系列（200-8000C）、铅酸电瓶增效复原添加剂等10多个新型涂料品种。

这些产品一经问世，立即招徕国内外厂商如雪片般的订单。初战告捷！如此名不见经传的企业在短短两年内攻破难关，在当年的中国防腐涂料界一度被称为奇迹。

科技导航 事业乘风破浪

庞大的市场浮出水面，施铭德研究所的中试车间的小批量产品如海洋中漂浮的一只小渔船，显得心有余而力不足。本来只是想研制出一种抗腐蚀的涂料，没想到这种科技产品唤醒了如此庞大的市场，施铭德说他由小做大多少有些被逼的成分，市场的殷勤主动迫使施铭德不得不造更大的"船"。

决心已定，运筹帷幄，施铭德和同事们一起精心选址、策划、设计、筹集资金……在政府各部门的大力支持下，拉开了第二次创业的帷幕。

1997年，武汉铁神化工有限公司应运而生，成为武汉高校新技术研究所的生产基地。施铭德既是研究所所长，又是"铁神"的董事长、总经理，科研、生产一肩挑。

要将科研成果转化为生产力，施铭德面对的摊子更大更复杂，他清醒地认识到：要办好这项神圣的事业，一要抓好研究所的科技创新，二要抓好公司的管理和发展。为此，施铭德精心打造出一支技术过硬，有拼搏奉献精神的科技队伍，"如果不去领导，我可能永远不知道自己居然有领导的天赋"，对于自己的团队，施铭德一直很自信。

施铭德主持制定了"科技进步实施条例"，规范了对科技人员的各项管理制度。在人才引进、培训、考核、晋升、奖惩及科技工作的资金保障、物质保障等方面都作出明确的规定，每年科技资金投入为年销售收入的6%～10%。

优越的研发生产环境和以人为本的用人机制召集了一群科技精英,其中教授、高工14人（博导4人、博士6人）、大专以上文化程度23人。施铭德注重新产品的研发进度,与国内各名牌高校防腐专业研究室建立了稳定的合作关系,防腐技术不断得以创新、涂料产品不断完善,科研成果层出不穷。

对公司的管理和发展,施铭德同样倾注了大量心血,在生产中既要求员工严格遵守科学的工艺规程,又鼓励员工关心技改,人人都要提建议,并且对有功者给予奖励,这一政策促使生产技术飞速进步。

施铭德创造了业内顾客投诉率≤0.1%,顾客满意率≥90%,产品出厂合格率100%的质量奇迹。全面系统地规范各部门的工作程序文件、制度、纪律,于2000年顺利通过ISO9001：2000质量管理体系认证,2005年在同行业内率先获得省安监局颁的"安全生产许可证"。

创业如同打仗,内可守、外可攻加上适时的战略计划,方能制胜。为拓宽销售渠道,让"铁神"迅速占领市场,施铭德采取灵活的现代营销策略,建立营销网络,先后在浙江、厦门、北京、南京、广州、深圳、茂名、九江、岳阳、西安、宁夏、青海等地建立起特许经销部。在大规模实施营销战略的同时,又严格信守"对顾客的服务要求,保证在24小时内给予答复,必要时上门服务"的庄严承诺。

全力打造业界"航空母舰"

树大招风,防腐涂料行业飞速发展招来了大批跟进者,科研成果很快被大量复制转化,国内同行经济态势一片欣欣向荣。面对越做越窄的市场,施铭德想到了借助大好经济形势的东风,将已经做强的"铁神"品牌继续做大,施铭德充分利用自身的资金、技术力量、国内一流的装备设施以及丰富的管理经验,进一步扩大生产规模,提高具有完全知识产权的国产"铁神"品牌防腐涂料在市场的竞争力和影响力,打造防腐涂料的"航空母舰"。

设立在武汉市江夏区庙山小区、占地仅20亩的武汉铁神化工有限公司被几家工厂和居民区包围,扩大生产经营规模、更新厂房及设备设施均受到客观条件的制约,施铭德策划兴建以研究、开发、生产、销售、服务为主要经营业务的全新、更大更好的工业防腐涂料企业。

为进一步提高企业经济效益和社会效益,扩大国内外市场急需的船舶漆、桥梁漆、工业涂料及重防腐涂料的生产力,2008年,施铭德在鄂州葛店开发区征地50亩,于2009年6月破土动工,开始建设年产3万吨高品质绿色环保型涂料的产业基地。该工程第二期工程竣工后，预计"铁神"年产值将达到6个亿，真正成为华中地区涂料行业的龙头企业。

经历了17年的创业生涯，今天施铭德和他的创业团队正专心致力于扩大企业生产规模、打造核心竞争力，充分引进国际先进技术以确保"铁神"产品的高环保、高品质。"铁神"也处于跨越式发展的崭新阶段。他们始终坚持"质量第一"的宗旨，"以诚信创新为本，以客户满意为荣"，走"以高新科技产品为龙头，以市场为导向，以管理促效益"的发展之路。

施铭德说，他这次瞄准的是世界市场，不仅要替代进口产品，更要走出去赚外国人的钱。在防腐涂料市场的"蓝海"上，一艘中国制造的七彩"铁神"号旗舰即将远航。

追寻百年后第一枪
张晓玲

张晓玲：
21世纪中国"农业硅谷"

文/陈静

> 张晓玲说："湖北发展生物产业，最大的比较优势是发展生物农业。湖北的生物农业领域，院士就有十多个，专业技术人员十万多人，人是最大的优势！"

光谷是全国电子信息技术实力最雄厚的地区，坐落在武汉；高科农业集团作为国内知名的农业高新技术产业集团，也坐落在武汉，高科农业集团是继袁隆平后，又一个创造农业奇迹的高科团体。

"袁隆平在湖南，但湖北农业整体的研发优势在全国位居前列。"高科农业集团有限公司总经理张晓玲说，"与处于优势地位的科技研发实力不相符的是，湖北的农业科技成果转化比较薄弱，这是湖北的短板。"

"强研发，弱转化"，武汉国家农业科技园区和武汉高科农业集团一直在致力于扭转这一局面。整合优势资源、坚持自主创新，以科技孵化和企业集群推进农业科技成果转化，成果已经显现。

储备全国一流的权威技术

2001年9月，农业园被国家科技部确定为国家级农业科技园区（试点）。东湖高新区管委会注资8亿元组建武汉高科农业集团，高农集团与园区管理办公室两块牌子、一套班子，作为独立法人全权代表管委会对园区行使管理运作职权。由"政府主导"变为"政府引导、业主开发、市场运作"，将园区的建设发展推向了市场之路。

"除了适当的项目经费补贴，没有财政经费划拨。"张晓玲表示，对于这个创新的运营机制，农业园是摸着石头过了河。

那一年，园区仅有2家企业，核心区技工贸年收入7000万。"2009年底，园区企业已300多家，今年农业园技工贸总收入可以接近一百个亿。"张晓玲说道。

农业科技园始终秉持"大力发挥农业科技力量富集的优势，用发展工业的思路发展农业。"这一理念。农业科技园核心区范围内，现有46个研究所、2个国家级重点实验室、9个国家级工程技术中心、5个部级检测中心、7个博士后流动站、87个硕士点、54个博士点；加上毗邻的华中师范大学、武汉大学、华中科技大学、湖北大学和中国科学院水生所、病毒所、植物所，以及中国农科院油料所，已经具备的和潜在的科技研发实力优势明显。园区云集了绝大部分代表湖北乃至全国高水平的农业、生物方面的科技人才，教授级、副教授级高级科技人才1000多人，其中院士6人，国家级专家30多人，省级专家200多人。加上毗邻的大学、科研院所从事农业生物、生命科学研发

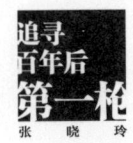

的院士共有12人，各类专业技术人才近10万人……"这些都是湖北发展农业科技的无价之宝。"张晓玲说。

搭建科技孵化农业成果的平台

有了最前沿的农业科学技术，有了最强大的智囊团体，如何才能解决将农业科技成果转化为生产力这个难题呢？张晓玲认为，企业是最好的载体，农业科技园通过搭建成果研发、企业孵化、示范推广、信息交流平台，发展企业集群可以提高效率、低成本进行成果转化。

为此，张晓玲找到国内农业研究的权威专家，提出了将他们的技术转化为生产力的想法。

2001年，张晓玲找到我国最早确诊猪链球菌专家陈焕春院士，了解到陈焕春院士在防治动物疫病课题上屡建新功，是国内动物疫病疫苗研制的权威人士。

"这么好的产品，为什么不将其产业化呢？"陈焕春院士搞学术在行，对于做企业却是门外汉。在张晓玲亮出农业园的优惠政策和孵化优势后，陈院士同意试水。因此，高科农业园注册、登记、拿执照，一条龙服务，以陈焕春为法人代表，注册了寓意"科学前沿"的科前动物生物制品公司，目前公司已成为国内知名的动物疫病控制企业。

张晓玲用自己办企业的智慧经验，结合国内农业专家的权威技术，创办了各种科技公司。园区内的新华扬生物股份有限公司，几万元起家，2009年净利达三千多万，几年发展，成为全国饲料添加剂酶制剂的龙头老大，目前正筹备创业板上市。

园区种业、生物肥料、生物农药、生物兽药、生物饲料、花卉苗木等主导产业在全省的龙头地位初步确立。核心区聚集了省种业集团、隆平高科、惠民种业、金丰收种业、联农种业等43家种业公司，是中国目前种子企业集群度最高的地区。

通过将技术转化为生产力，高科农业集团拥有了别人不可替代的招商优势：一是通过以商招商的形式，比政府招商引资的效果更好，目前260多家在园企业主要是通过高农集团、创业中心及入园企业本身引进来的。二是投资更加社会化，高农集团是一个控股集团，本身有雄厚的资本实力，通过导向性投入，对整个资金的流向把握更准确，对吸引社会资本的效率更高。运行机制的市场化进一步带动了园区建设资金的多元化和社会化。几年来园区聚集了产业资本40多亿元，95%以上都是民营资本和外资。三是服务更直接，以业主的形式、按市场化运作，对企业服务更快捷高效。通过科技创新与集成，加大企业孵化力度，通过企业集群推进成果转化。

科技农业的全盛时代

武汉国家生物产业基地是继光谷（国家光电子信息产业基地）以来，东湖高新区建设的第二个增长极。

张晓玲说："湖北发展生物产业，最大的比较优势是发展生物农业。湖北的生物农业领域，院士就有十多个，专业技术人员十万多人，人是最大的优势！"

顺势而起，高农集团在光谷生物城规划建设了占地2200亩的高农生物农业产业园，首期规划的生物制品区、农产品加工区、良种加工区、生物农药加工区已开始建设。

2009年，园区先后成立了东湖高新区南湖农业园区基层统计站、基层企业服务站，这样一来，园区企业工商注册、税收、融资、建设等问题的解决更加便利。去年一年就成功申报各类项目52项，获得各级政府资金支持达5000余万元。高科农业集团成了全国范围内的行业黑马，发展速度让同行叹为观止。

中国最大的种子公司和唯一的农业种子央企——中国种子集团将在高农生物产业园内建设世界领先的中国种子生命科学技术中心。此外，中国最早上市的种子企业——丰乐种业、中博生化等知名农企也进驻该产业园。

东湖高新区拿出近3000亩地做高农生物产业园，这在全国尚属首例。高农生物园的飞速发展引起了省市区三级领导的重视，"省委书记罗清泉在生物园开工之后，不到一个月的时间去了3次。占尽天时地利人和，不可能做不好！"张晓玲对此很自信。

"农业科技园区演绎了科技农业时代一种全新的经济发展模式，造就了科技农业产业这一新的经济形态，定是21世纪农业发展的主流。"张晓玲似乎预见到科技农业产业的大好前程。

园区的新华扬生物股份有限公司的发展，就是一个强有力的佐证。在2009年金融危机洗劫全球经济之际，国内经济都面临巨大的困难和不确定性，不少企业经历了前所未有的生存考验。

就在形势最不好的这一年里，新华扬生物股份有限公司全年实现销售收入1.31亿元（其中出口2000万元），并且销售净利润率、资产报酬率、每股净资产、每股收益等财务指标也都得到一次飞跃，资产负债率大幅降低，为公司未来工业酶的融资需求奠定了坚实的基础。

这一年里，很多公司倒下了，但新华扬生物股份有限公司的市场份额持续领先。客户满意度在业界遥遥领先，客户规模也不断扩大，产品销售收入回款率高达100%，"做出这个成绩在经济形势好的时候都不是件容易的事，何况在形式最不看好

的金融危机期间，这也充分说明了其生命力的顽强性。"张晓玲感慨道。

工业园的辐射力非常强大。以武汉为中心，以200公里为半径画一个圆，在此范围内，武汉国家农业科技园有13个农业示范推广基地，有50万人次的农民得到了农业技术的培训，100万户农民因此增收致富。

科技农业产业在国外已经发展成熟，与国际接轨也是中国发展的大势所趋。几年来，园区企业还陆续与美国、瑞士、英国、日本、韩国等国的十多家研究机构和世界500强企业如先正达、诺华、明治、陶氏、拜耳等建立了合作关系。

园区2010年的发展目标早已明确：力争在2010年引进企业30家，引进有影响的中外知名企业3~5家，引资10亿元，实现园区核心区技工贸总收入100亿元。

问到高科农业园的未来，张晓玲对未来的规划很明确：力争到2015年，武汉国家农业科技园形成800到1000家的企业集群、核心区年技工贸总收入过500亿元、培育过10亿元的企业10家以上、产值过亿元企业40家、培育10家在全国有较大影响的农业企业上市；高农生物产业园届时力争形成100家以上的企业集群与300亿元的产业规模。

依照高科农业园的现状和发展态势来看，这个目标可能比预想中的更近。

追寻百年后第一枪
陈美杉

陈美杉：
亿元风投"砸中"的不是我，是一片湖

文/项俊平

一些地方政府担心新技术"有风险",在牵扯到各方利益的情况下,宁愿采用成熟的污水处理技术,不愿探索新的治污方法。新技术一旦面向市场,往往会触及旧技术体系的利益,受到传统观念的影响和排斥。

走近湖泊,丝毫也看不到刚刚发生过的巨大震荡和波涛,感受到的只有超乎寻常的清澈和宁静。

2010年7月14日,暴雨冲刷江城。

当记者走进位于汉阳区鹦鹉大道489—1号武汉新天达美环境科技有限公司(以下简称"新天达美")的大门时,完全不敢相信这就是15天前被香港亿元风投"砸中"的那家高科技企业——

一幢带拐角的三层小楼静静伫立雨中。米黄色的外墙因长年的日晒雨淋早已失去了往日的鲜亮。室内,设施陈旧,墙壁上的乳胶漆出现了大大小小的脱落。

更让人惊讶的,是总经理办公室的简陋。三张供接待用的木椅,油漆斑驳。瓷质地砖因频繁的踩踏,失去了原来的色彩和光泽。整个房间,除了一台普通的空调柜机,不见一件豪华的物品。

也就是在这间小屋,记者采访了被亿元风投"砸中"的当事人——"新天达美"的总经理陈美杉女士。

谈到创业的艰辛,谈到国际先进技术的引进,谈到与风投的邂逅,这位毕业于武汉大学的高材生表现出异常的平静。当话题涉及湖北乃至中国湖泊污染严重这个沉重的话题时,她的脸上,才露出难掩的无奈和忧伤。

那一刻,深藏在陈美杉心中的那片宁静的湖,开始汹涌、激荡……

试水武汉

因为生长在多湖的武汉,陈美杉从小就对湖泊怀有一份特殊的情感。

"我喜欢湖,更喜欢清澈的湖。"陈美杉说,"这种情感是与生俱来的,并引导我义无反顾地走上了治理湖泊污染的创业道路。"

2003年,"新天达美"在汉成立。

"当时,不到10个人。蜗居在市郊的一幢两层的小楼里办公。"总工程师、副总经理胡细全回忆道。

人虽然不多,但野心不小——誓言做中国最大、最强的高科技治污企业。

追寻百年后第一枪
陈美杉

也就在公司成立的当年,陈美杉意外地找到了萌芽理想的"佳壤"。

在汉召开的第三届华侨华人专业人士回国(来华)创业成果报告暨高新技术项目洽谈会(以下简称"华创会")上,一位名叫江鹰的日本东京大学博士和他带来的其导师日本东京大学松本聪教授发明的污水自然生态净化技术——"四万十川方式"引起了陈美杉的关注。

"'四万十川'其实是位于日本西部渡川水系的一条干流,全长196公里。上世纪80年代中期,'四万十川'遭受污染。以松本聪教授为首的几位东京大学教授花费数十年时间,模仿大自然原生态物质的循环自净功能,使它恢复了本来的清澈。于是,人们以它最初使用的地点将其命名为'四万十川方式'。如今,当年在'四万十川'使用的那套设备,已经稳定运行了20多年,堪称奇迹。"陈美杉说。

如果把这项世界领先的技术引入中国,那该多好,陈美杉想。但问题是,日本对此项环保技术实行封锁,要想直接引进显然是不可能的一件事。

也就是从这天开始,陈美杉便开始实施此项技术的引进行动。

通过国家外国专家局的关系,陈美杉请江鹰博士"以侨引侨、以侨引外"的方式,向松本聪教授表达将"四万十川方式"作为民间技术交流到中国的愿望。

陈美杉的愿望很快就得到了松本聪教授的回应。他愿意在有生之年将自己的知识毫无保留地献给武汉。

2004年,当松本聪教授第二次来到武汉时,身份就发生了改变,出任武汉新天达美环境科技有限公司研发中心主任。此行,他不光是带来了一项世界顶尖的技术,还带来了一位科学家——如今的"新天达美"董事长、首席科学家江鹰博士。

从此,"新天达美"与松本聪教授、江鹰博士一道,正式踏上了治理中国污水的创业道路。

有百湖之誉的武汉,每时每刻不间断地排放污水,集中处理,因环境特殊,成本高成为拦路虎。

面对这一难题,松本聪教授和江鹰博士将"四万十川方式"的原理与武汉特有的水质相结合,进行再度研发。

更神奇的是,江鹰博士利用专业优势,从当地土壤中选取、培养多种"专吃"污物的微生物。他创新地改良不饱和生物炭,将炭体中大小不一的气孔"装饰"成一个个小"家",供微生物"居住",逐渐形成生态链。为微生物提供良好的新陈代谢环境,营造完整的生物食物链群,最终达到提高净化效率的效果。

"它还能省去常规处理中使用的泵站等动力设备,及刮泥机、吸泥机等操作复杂的大型耗电设备。"中国市政工程中南市政设计院总工陈克玲介绍说，采用相同曝气方式，在相同规模条件下，STCC的运行成本可比一般污水处理法低10%～15%。

此项拥有自主知识产权、具有世界领先水平的科研成果，后来被"新天达美"命名为"STCC污水处理及深度净化技术"（以下简称STCC）。

2005年，STCC终于派上了用场。

当时，武汉大学城3所高校污染黄家湖水体，被环保部门责令推迟开学，引起社会各界的广泛关注。

迫不得已，湖北中医学院将污水处理厂治理工程对外招标。

"新天达美"参与了竞争，最终脱颖而出。"但甲方开出的条件十分苛刻，没达到环保要求，不付款。"陈美杉回忆道。

当年11月，STCC样板工程落成仪式在湖北中医学院举行。据张良玉副院长介绍，采用STCC技术处理污水的成本约每吨0.3元，每年可为学校节约50万～60万元污水处理费；处理后的水质不仅优于黄家湖水质，而且达到武汉市污水处理的最高级。可直接用于浇花、冲厕所等。

随后，武汉科技大学也采用"新天达美"的技术，前期运行一直难以达标的处理厂也实现了达标排放。

几乎与此同时，"新天达美"第一次实现了涉湖治污的梦想——用STCC技术对东湖宾馆百花湖进行"体外肾透析"。

据介绍，百花湖位于东湖宾馆，面积4.6公顷，依赖东湖补水。由于长年受纳宾馆的生活污水，湖水严重富营养化，水质为劣五类。

2006年8月，有关部门启动了百花湖的治污工程，经过甄选，STCC技术脱颖而出。全部投资额仅120万元。

"新天达美"在湖边树林建成与景观融为一体的净化池，池内分接触沉淀池、除氮池、深度净化池等净化单元，然后从湖的一端抽水，将水引入净化设施。净化后的清水再返回湖中，从而达到剔除富营养物、净化水体、修复生态系统的目的。有专家形象地称其为"体外肾透析"。

次年7月，试运行一个月的东湖宾馆百花湖清淤活水工程以"看得见、摸得着"的成效顺利通过验收。每天可处理1200余吨湖水，按百花湖9万立方米的存水量计算，大约3个月湖水可整体循环处理一次，半年后，劣五类水体将达到四类水质。

专家们一致认为，百花湖治污因地制宜，既科学又实惠，是STCC应用于湖泊水环境治理的范例。

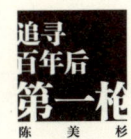

墙外开花

试水武汉，令"新天达美"声名鹊起。

但"新天达美"赢得的似乎只是口碑，并没有因此赢得更多的污水治理工程。

"按照公司最初的定位，我们是想利用成功治理过日本'四万十川'河流和日本琵琶湖的STCC，主攻湖北湖泊治污项目，但结果是事与愿违，我们只能揽些零星的小型污水治理工程。"陈美杉说，"我们很想将这项技术推广到治污前线，但仍然还徘徊在城镇治污的'正规军'之外。"

正是STCC这项位居世界前沿的技术革命，险些革掉"新天达美"自己的命。

据了解，目前，我国城市污水处理技术基本可分为活性污泥法和生物膜法两类。这些技术均需将污水集中收集，通过泵站输送到远离市区的污水处理厂，因此污水收集管网和泵站的建设费用远高于建厂的投资费用，且长期运行维护费用庞大，使许多经济条件较差、管网铺设困难的中小城镇不堪重负，导致污水处理建设滞后。

尽管，STCC能够将上述"病症"一治了之，但仍然不能在湖北"大显身手"。

究其原因，一是新技术没有被广泛地认知，为了防范所谓的风险，政府部门和业主单位仍然青睐落后的传统技术；二是新技术的广泛使用，必然削弱传统企业的利益和势力范围，因此在推广的过程中，遭到了利益团体的顽强抵抗，市场开拓成本巨大。

迫不得已，"新天达美"只好转战广西、深圳、江苏、重庆等地，开辟第二战场。攻城掠地获得的30多个项目，终于让"新天达美"度过了一段艰难的日子。

但令"新天达美"这帮理想主义者庆幸的是，他们在湖北的声誉，并没有随着时间的流逝而冲淡。

当武汉市洪山区"红霞新村"被国家外国专家局列为第一批"千村引智示范项目"时，当地的村民首先想到的施工单位就是"新天达美"。

"红霞新村"投资140余万元，委托"新天达美"兴建污水处理设施工程。2007年元月，经洪山区环境监测站监测，该污水处理站处理效果达到《国家城镇污水处理厂污染物排放标准》一级A标准，并开创了洪山区乃至武汉市由村民一次性大额投资保护环境的先例，同时也被列为武汉市农民新村污水处理示范工程。

就是这个仅一百多万的小工程，让陈美杉收获了一个意外和一个感动。

"记得那是一个炎热的夏日，我突然接到省环保局的电话，让我第二天去红霞新村污水处理站，他们要检查一下。等我赶到后不久，中央政治局委员、省委书记俞正声从车上走了下来，连连称赞这种技术值得在全省推广。原来，俞书记从报纸上了解到我们的情况后，决定亲自来看看。真的挺意外。"陈美杉说，随后，时任武汉市委书记的苗圩书记和副省长阮成发也前往调研，进行肯定。

但最让陈美杉感动的，是红霞村委会。"当污水处理站交由我们运行和管理后，他们每年从村集体经济中拿钱交给我们，从不拖欠一分。"

目前，这项具有污水处理效果显著、所用材料自然生态、占地面积小、污泥量小、造价低、运行费用仅为常规污水处理方法的一半等优点的STCC，已成功地推广应用到21个城镇、乡村和湖泊治理的污水处理工程。

随后，"新天达美"又在石首、罗田、通山和武汉市的黄金口揽下了几个BOT项目。

转眼间，到了2010年元月。一场冬雪降临江城。

合肥市委、市政府主要领导率滨湖新区建设指挥部、市城乡建委、市环保局等负责人前来武汉，慕名踏雪探访"新天达美"武汉几大完工项目，实地察看污水处理流程和出水效果，并专门听取了"STCC"介绍，还就"STCC"在合肥的应用与陈美杉深入交换了意见。

以此为契机，"新天达美"挺进安徽，并深深地扎下了根。

记者采访的当天，陈美杉刚从合肥赶回武汉，"主要是去张罗合肥子公司成立的事情。预计，'新天达美'今年在安徽的工程额将超过一亿元。"

邂逅风投

涉足治污行业，由几个具有强烈的理想主义色彩的精英组成的"新天达美"管理团队，一直恪守同流不合"污"的职业良知。无论工程大小、赚钱与否，他们都以职业的眼光去打造品牌。

"我们只是单纯地希望因为我们的付出，中国少一个被污染的湖泊，老百姓多一杯纯净的水。"陈美杉说，"在经营最困难的时期，曾有股东提出退出，还有人提出转行做房地产，但核心层硬是坚持做环保，宁愿自己掏钱买下退出的股权。"

据陈美杉介绍，从业五年来，"新天达美"没给原始股东分过一次红利，赚的一点小钱全都投入到了新的项目，今年将盈利几百万元，但管理层还是决定不分红。

也正是这种坚守理想和清贫的精神，打动了许许多多的风投机构。

2010年6月29日，第一东方投资集团宣布投资武汉新天达美环境科技有限公司，规模达1亿元。

"其实，我们之间谈了近一年的'恋爱'。"陈美杉说，"投资者更多的是被我

们的环保精神所打动，感觉我们不太像一个企业。他们之所以投资，是因为对'新天达美'的技术有信心。"

据了解，在2009年7月举办的第一届武汉国际投融资对接洽谈会上，"新天达美"只是派出财务部和办公室的有关人员去转了转。"因为，按照我们去年2000万元的产值，我想是没有一家风投愿意介入的。"

但陈美杉猜测错了。

一个月后，第一东方投资集团派员来到"新天达美"考察、调研，前后搞了几个来回。"他们连我们的知识产权不存在法律纠纷的事情都了解到了。"

直到2009年年底，双方的印象和感情才急剧升温。在此情况下，"新天达美"也赴香港对第一东方投资集团进行了回访。

"此次融资是一个双向的选择，"陈美杉说，"此前共有上十家来自新加坡、深圳、珠海、瑞士和中部的风投机构向'新天达美'示爱。但最终确定第一东方集团，是因为'新天达美'考察过它在武汉晨鸣纸业的投资取向。我们了解到的情况是，第一东方集团在晨鸣纸业上市后，并没有急于减持股份，而是继续支持。所以这一点与我们需要长远发展的理念非常吻合。"

"这笔投资对我们来说也是一个特例。"第一东方投资集团副总裁王淳奇坦言道，牵手"新天达美"原因有三："首先对于初创期的小企业来说，我们最看中管理层，这家企业管理层的韧性和对自己企业的信心打动了我们；其次是技术，日本专利加上研发，具有自主知识产权和一定的门槛；三是行业，环保产业尤其湖泊治污是武汉市乃至全国的重点。"

就这样，亿元的风投突然从天而降，"砸"在了陈美杉的头上。

对于如何使用好这笔风投，陈美杉显得非常淡定和从容，"虽然我们拥有世界上最先进的技术，但目前我们还没有力量去改变传统的市场格局，去改变传统的治污理念，但我们有信心去改变一个湖泊、一条河流、一个企业的面貌。因此，这笔风投，我们不会挪做它用，将全部投向中国的污水治理事业上。"

据悉，"新天达美"将于8月搬入东湖高新长城科技园。下一步，他们将依托第一东方投资集团在上海的资源，进军苏沪浙市场。

"弱水三千，我取一瓢"

雨在下。

一泓水，从雨伞淌下，望了望被雨水濡湿了一小块的地板，陈美杉自然而然地将

201

我们的话题转向了室外。

"前十分钟的雨水,是最脏的。在中国,即便是建有所谓的雨污分流管道,但最终还是同流合污,不像欧洲国家实现了真正意义上的分流。"

也许是职业习惯,陈美杉三句话不离本行。

七年的市场风雨,冲淡了她身上许多知识分子的特质。但貌似普通、平凡的她,依然保持着知识分子最基本的特质——追求真理。

"你不知道,我现在变了很多,低调了很多。自从涉足污水治理行业多年后,我感觉自己常常陷入无奈之中。在中国,并不是你掌握了先进的技术,就能改变一切的。"身为武汉环保大使的陈美杉感叹道。

追寻百年后
第一枪
夏先重

夏先重：
华中第一环境亮化故事

文/陈勇

"创立环境亮化工程公司我们是华中地区第一家,当时谁也不知道什么是亮化工程,国内没有先例,只是看到国外大都市晚上灯光照明很好,我意识到这是一块处女地,其实之前我一直在做专业音响设计。"迪斯工程负责人夏先重说。

最令夏先重感到自豪的工程要属洛阳龙门石窟的亮化了。

龙门石窟作为世界文化遗产,具有很高的艺术价值。用艺术光影展现龙门石窟夜间风采,用照明方式去装饰龙门的雕刻艺术,会给游人带来新鲜而强烈的视觉冲击。

龙门石窟在亮化设计上主题突出,意境深远,层次合理,高潮迭起。除常规照明满足景区正常功能性照明,更用一种全新的艺术手法塑造龙门石窟独特的夜间景象,对石窟的人物造型进行照明刻画,如采用舞台及电影照明手法对不同的人物造型进行塑造、让人们观赏和领略不同人物的喜怒哀乐以及内在情感。

自2007年5月接客,龙门亮丽夜景深深地吸引了国内外广大游客,达到了社会效益和经济效益的双丰收。

2010年,随着"低碳经济"的全面推动,城市绿色照明成为大城市的一个关注点,迪斯与台湾一家知名企业合作,成立了阳光佰鸿新能源武汉有限公司,主要研发、生产和销售太阳能光伏发电应用型照明产品、LED大功率路灯、庭院灯、草坪灯及室内外系列照明灯具产品、各种环保节能产品;代理、销售各类照明设备;再生能源和循环能源的研发和生产。

"'低碳环保'将是迪斯环境公司的发展方向,开辟新能源市场将是公司的下阶段任务。LED将取代传统的照明方式,也是第三次照明革命的起点。"夏先重认为,公司下一个五年规划将立足于研发新的照明产品,用实际行动支持"低碳环保"。

追寻百年后第一枪 王明星

王明星：
"圈地"国际市场

文/生意场网站

从鄂西北的小县城创业起步，成为行业中闻名全国的明星企业；生产开发的戊二醛和系列乙烯基醚类产品填补了国内空白；80%的产品出口国际市场；被湖北省科技厅认定为高科技企业。

实现这一切，湖北新景新材料有限公司王明星只用了12年。

他的成功语录很朴实："从实际出发，只做有效的工作。"

借鸡下蛋逆风中启动创业航程

1997年开始，东南亚金融危机席卷亚洲。受周边国家货币贬值的影响，以出口导向为主的中国化工行业受到巨大冲击，湖北省的化工行业在出口不畅的困扰下，更是经营惨淡。当化工行业处于低潮、人们普遍迷茫的时刻，当时还在一家国有大型化工厂工作的王明星却从危机中看到了创业的机会。出口不畅做内需，中国是世界服装大国，也是皮革生产的大国，皮革加工需要的化工产品有着广阔的前景。而且皮革生产用化工产品技术成熟、资金投入不大，利于起步。自己在化工行业工作了20年、在化工行业有一批志同道合的同行，各自在技术、销售和管理方面有多年的经验。受东南亚金融危机影响，湖北省西部老河口市的精细化工基地的一些工厂处于停产状态，完好的厂房和设备处于闲置，租用的费用也比较低廉。更为重要的是，中央为应对危机，出台了一系列鼓励繁荣经济发展的政策措施。如果用活政策、有效整合市场、人才、厂房和设备这些有利条件，就能快速起步，实现低成本扩张。

创业需要梦想，更需要果敢的行动。1998年3月，王明星和7个同样有创业冲动的同学拿出家里并不宽裕的积蓄，合股创办了武汉新景化工有限公司。王明星担任了公司的董事长兼总经理。创业的激情使大家鼓足了干劲。没过多久，工厂就开始生产了。阳离子加脂剂、蜡乳液、丙烯酸等皮革化工产品源源不断地生产出来了，而且迅速销售了出去，当年实现销售额达到了300余万元，为新景化工掘到了第一桶金。

居安思危顺境里扬起创新风帆

在企业进行战略管理中，存在两种导向。一是被动战略导向，就是在企业出现危机时，被动应付，立足生存求发展。二是主动战略导向，就是在危机尚未来临时，未雨绸缪，静中思动，主动出击，走创新发展之路。后者在推进企业发展中明显优于前者。

在公司当年投资、当年赢利的顺境中，王明星清醒地认识到，化工产品更新换代

快,公司最先开发的产品科技含量及附加值都比较低,并且品种老化,如果不抢先一步开发新产品,企业必将陷入困境。调查了化工市场及其发展前景后,他们很快把新产品开发的目光锁定在戊二醛上。这是一种广泛应用于化工、制革、医药卫生、工业水处理、造纸、感光材料、纺织等多个领域产品,市场前景十分可观。以前,由于国内没有企业能够研制、生产这种产品,从美、德等国进口,价格高达每吨6万多元。经过认真测算,他们发现如果将这种产品国产化,凭着国内土地、原料和劳动力价格等生产成本的优势、产品价格至少可以降低一半。这样一来何愁市场不热销?这一发现,令王明星和他的创业伙伴精神为之一振。

然而研发新产品,走创新型的发展道路并非坦途,既需要直面失败的风险,又需要面对巨额资金投入的压力。由于企业创办不久,资金积累尚不足。王明星顶着巨大压力,领着精明干练的新景人开始了日夜兼程的技术实验和难点攻关。在经历了无数次的挫折和失败,克服了许多不可预知的困难甚至波折后,新景化工开发出自己的专利技术,如愿地完成了戊二醛国产化生产这一历史使命。

由于产品质量丝毫不逊色于国外同类产品,价格却大大降低,2000年11月,新景化工开发的戊二醛上市后,迅速占领了国内50%的市场,公司的效益迅速提升。更为重要的是,由于新景化工戊二醛的上市,美、德等国进口的同类产品不得不降价一半,从而降低了国内下游厂家的生产成本,大幅提高了我国出口产品的竞争力。

开发新品迎上前开拓国际市场

2001年美国网络经济泡沫破灭后,世界经济陷入衰退的困境之中,中国国内内需增幅略有降低,外需增幅也比较低。受此影响,中国化工行业又面临新一轮产能过剩的危机。

过剩就是平静,缺少生机。在萎靡不振的市场面前,王明星意识到,技术落后就意味着产能过剩,创新科技就有可能创造需求,只要坚持创新开发,敢于走出去竞争,就一定能打开国际市场,实现企业的新一轮发展。为此,他一方面继续开发新产品,一方面着手开拓国际市场。

2001年他们开发的新型环保染料溶剂紫9号填补了国内空白,被国家科技部列入国家星火计划。2002年他们开发的系列乙烯基醚类产品不但填补国内空白,而且在全国独家生产。2003年底,在上海举办的国际原料药会议上,新景化工最新研制开发的拳头产品四甲氧基丙烷获得了东亚客商的青睐,一次便签下了百余吨价值千余万元的大订单。

2006年他们开发的乙烯基醚类产品质量超过国外相关企业产品的水平，被列入国家火炬计划。2007年，他们开发的URV系列脂环族环氧树脂，更是定位于高端领域发展，作为LED的生产原料之一，有着非常广泛的市场前景。

　　2008年他们顺利通过了欧盟REACH法规预注册，成为湖北省武汉市首家成功注册的企业，闯过了这一国际贸易壁垒。

　　目前，新景化工产品的80%用于出口，新景化工的品牌，已随着自己的出口产品在美洲、欧洲、日本、东南亚等地28个国家逐渐传开，成为当地客商依赖的品牌。更为可喜的是，随着新景化工创新开发的深入和与国际大公司合作的深化，新景化工逐渐承接了美国、欧洲和日本一些大型化工企业的生产环节的转移。原来出口中国戊二醛的德国公司，反过来从新景化工进口同类产品200吨，用作其化工产品生产的生产原料。

打造品牌调整中扩展企业规模

　　新景化工从零起步，11年间，已经成为拥有资产上千万、累计缴税上千万、年销售额达到1.5亿的企业。面临国际金融危机的形势，新景化工充满信心地制定了每年销售额增长1个亿的逆市扩张计划。为什么新景化工能够在竞争激烈的国际化工市场逐步壮大、逆势扩张呢？

　　一是整合市场资源。面对国际金融危机，新景化工充分利用武汉城市圈获批"两型社会"建设综合配套改革实验区的契机，借助新景化工的品牌优势，以武汉为研发和营销的基地，以江陵、安陆、老河口、焦作为生产基地，充分整合武汉的技术、市场优势以及周边城市的土地、厂房、劳动力和交通优势，实现了低成本扩张。

　　在拓展的同时，他们担当起企业应有的社会责任，进一步强化环境保护标准建设，2006年通过了ISO14001国际环境管理体系论证，在将生产基地迁往周边城市的同时，确保不污染当地环境。

　　二靠聚合研发力量。新景化工之所有具备一般企业的科技研发能力，除自己有一支精干的20多人的专业研发队伍外，还在于他们善于整合各路科技力量为己所用，形成了一套完备的研发机制。他们与天津南开大学、日本稻田化工公司建立了产品研发的长期战略合作关系，瞄准化工技术的前沿开展产品研发。他们与清华大学、武汉大学、成都科技大学的科研人员建立了单个产品开发的合作关系，依靠他们的技术力量突破难题。他们聘请了武汉市原化工系统4个享受国务院政府专家津贴的高级专家作为技术顾问，随时提供咨询服务。

　　三是融合企业文化。新景化工致力于企业文化的创新，用文化的力量推动企业更上一层楼。他们致力于质量管理文化的创新。强力推荐ISO9001质量管理体系建设，确保每一批产品经得起任何挑剔的客商抽样检验。他们认真抓好安全生产文化的建设。每个周一上班的第一件事，就是带领员工进行安全生产宣誓，使安全生产意识深入人心。他们进一步加强了企业文化和团队精神的塑造。在企业推广了"把信送给加西亚"的责任精神，使每个员工热爱新景，奉献新景，进一步增强了全体员工的责任感和使命感。

　　创业伊始，王明星和他的伙伴们确立了"科技创新，新景无限"的理念。正因为他们热爱创新，把创新作为公司和个人发展的原动力，才使得新景化工赢得一个又一个的成功。祝愿湖北新景新材料有限公司在未来的创新之路百尺竿头，更上一层楼。

资料来源：
生意场2009年10月21日文章《十二年矢志拼搏创就"明星"企业》

追寻百年后 第一枪 李国斌

李国斌："穿山甲"湖北造

摘编/周世龙

重型盾构机湖北造，李国斌功不可没。

这是技术和资本结合的绝佳例子。李国斌半路出家，是因为看准了这一领域在武汉，乃至全国的未来。

这种预见性，出于一个武汉草根的直觉，这种直觉已经被证明，准确、恰当。

以至于，在其填补中部地区盾构机生产空白之后，你深信，天地重工，一定会在未来给我们更多惊喜。

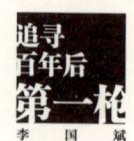

2009年12月19日，湖北天地重工有限公司制造的首台盾构机"天地一号"正式下线，这是中国中部地区首台由民营企业制造的盾构机，它填补了武汉乃至湖北重型装备产业链空白。

目前全国有6家生产组装盾构机企业，中部仅湖北天地重工有限公司一家。

2005年，李国斌通过四川商会认识了正在寻觅投资人的刘玄，他手上握着这个盾构机项目，但急缺资金，技术产业化困难。几次接触过后，李国斌看到了其中的机会。

两人商议合作，一方拿技术，一方出资，很快就融资组建了湖北天地重工集团有限公司（以下简称：天地重工），李国斌任集团董事长，以基建为底子，打造了省内重要的民营重工基地。

天地重工主要从事重型运输装备的研发制造，在中国重型运输装备制造业领域占有重要地位。

公司研发制造的重型特制半挂车、桥式运输大型钢结构梁、重型液压模块式组合挂车(80T~2500T)、自行式重型液压平板车(单台运力75T~1250T)为公路重件运输及工程重型运输提供了良好的解决方案和装备。

盾构机，全名叫盾构隧道掘进机，具有自动化程度高、施工速度快、一次成洞、不受气候影响等特点。

据介绍，已经调试完毕的"天地一号"和正在安装的"天地二号"盾构机都将用于天津地铁隧道施工，而定于明年6月下线的"天地三号"盾构机将用于武汉地铁四号线的隧道施工。

当时，武汉地铁建设已有4年多时间，外地国字号企业生产的盾构机始终占据着地铁隧道施工领域。

不过，随着湖北天地重工集团的加入，原来由国企一统江山的局面将彻底打破。

追寻百年后第一枪

李国斌

　　湖北天地重工有限公司武汉盾构基地2008年落户江夏五里界锦绣工业园后,与日本三菱重工通力合作,成功研制生产出湖北省第一台大直径盾构机。

　　于2009年成功下线的盾构机为土压平衡机,机器总长70多米,开挖直径为6.34米,造价3500万元左右,专用于天津地铁工程的建设。

　　当年11月份,湖北天地重工还获得为武汉地铁4号线提供盾构的合同,所需该机型为具有较高通用性的复合式铰接型土压盾构机,设计长度80多米,造价4000多万元,整备功率达1460千瓦,开挖直径为6.262米。

　　这种机型不仅满足武汉地铁已知地质条件,还能广泛应用于北京、大连、沈阳、长沙等城市地铁。

　　现代盾构机集光、机、电、液、传感、信息技术于一体,广泛应用于地铁、公路、铁路、市政、水电等隧道工程。作业期间具有可控制地面沉降、不影响路面交通等优点。

　　据了解,天地重工共投资2亿元,买下武汉市江夏区五里界锦绣工业园内286亩土地,兴建盾构机制造和服务基地,计划年产量10台,3年内,形成15亿元产值。

　　天地重工即将生产的全断面隧道盾构掘进机不仅会用于武汉地铁隧道挖掘,还将入驻铁路隧道、公路过江隧道和输油、输气、输水、市政隧道的开挖工程。

湖北天地重工集团有限公司负责人表示，目前中国经济的持续高速发展和对基础设施的持续投资，为盾构机行业提供了广阔的发展空间。

"进军这个庞大的市场，有助于逐步培育湖北民营企业的创新能力，吸收国际先进技术。"

调查显示，2009年至2011年，全国对各种规格盾构机的需求达500至600台，将产生400亿元左右的市场。

2008年8月，天地重工凭借在国内重型机械方面的实力，在数万家企业中脱颖而出，与日本三菱重工结为合作伙伴。

李国斌说，武汉地铁未来规划长达560公里，至少需要50台盾构机。现有盾构设备90%来自进口。

到2011年止，国内各种规格盾构机的市场需求量在500到600台，将产生400亿元左右的市场。

"天地一号"采用日本三菱公司的最新技术，国产化率约40%~45%。

李国斌曾说，"武汉人自己造的盾构机，采用日本三菱公司的最新技术，水平一点也不差，由于之前在专业汽车、自动化控制等方面有多年的技术积累，我们对新技术的消化要快别人一步。"

追寻百年后第一枪 李国斌

参考资料：
新华网湖北频道
《湖北天地重工首台盾构机下线 用于天津地铁建设》2009年12月20日

武汉综合新闻网
《汉产盾构机将启运天津地铁工地》2009年12月20日

武汉晚报
《"武汉造"地铁施工盾构机明年将用于地铁4号线建设》2009年12月20日

荆楚网
《武汉自产盾构机打入全国市场 明年用于江城地铁四号线建设》2009年12月19日

湖北广播电视台
《中国中部民营企业首台盾构机今天在汉下线 填补湖北产业空白》2009年12月20日

追寻百年后第一枪
朱黎

朱黎：
王浆市场的"不倒翁"

文/央视国际网站

<u>2011年5月8日，中央电视台七套"每日农经"栏目对葆春进行为期三天的独家专访。节目中，朱黎一身雪白的工作装，向记者和全国观众耐心普及起蜂蜜产品的知识来。这是继2006年和2008年后，时隔三年，央视第三次走进国内首家鲜王浆专卖店——葆春。这也是国内仅有的一家连续三次受到中央电视台青睐的蜂产品企业。葆春鲜王浆"天然、优质、新鲜"的品牌理念经过二十二年历练，屹立不倒，总经理朱黎经历了怎样的艰辛，又是如何做到坚守的呢？</u>

追寻百年后
第一枪
朱　黎

2003年3月29日早八点，正处于事业巅峰期的朱黎和往常一样来到办公室，忽然，一则报道让他勃然大怒，他感觉好像瞬间被扔到了人生的最谷底。

朱黎："一整版的，你看那个报纸，我告诉你，就好像你炒了股票挣了100万，一下子没了，就那个感觉。"

在这一天，当地的报纸在显要的位置报道了朱黎企业生产的蜂蜜造假，报纸一出，密集的质询电话立刻让他的办公室炸开了锅，紧接着，还没缓过神儿的朱黎再次遭到致命一击，质检部门根据举报查封了他的加工厂。而此时的朱黎在武汉市已经有15家蜂产品专卖店，十几万人的固定客源，为了这一切，他整整奋斗了17年，然而这连环而至的打击让他感到这17年的努力可能会瞬间化为乌有。那朱黎到底做了些什么？他的企业又是否能生存下去呢？

1989年，26岁的朱黎做了人生三个重要的决定：辞职，结婚，下海。在这个时期，一种叫做蜂王浆口服液的保健品正风行全国，朱黎正是看准这个全民喝王浆的商机，从武汉周围蜂农手里收取王浆和蜂蜜，开了武汉市第一家蜂产品专卖店，稍有不同的是主打项目他并没有运作只有3%~4%左右王浆含量的口服液，而是经营纯王浆和纯蜂蜜。

朱黎："口服液在全国最高潮的时候，口服液卖了二十多元一盒，一盒里面的王浆是跟撒胡椒味精一样的，那么在这种背景下，我想的话，口服液甜水都卖得脱销，那我要是卖纯王浆，肯定这个是非常火爆的。"

然而，赚钱只是朱黎的一相情愿。

朱黎："顾客就不知道纯王浆是什么东西，顾客一来看到你这个都说你这个是假的，因为我过去吃的王浆全部是甜的，你的王浆酸涩辣，不甜。"

当时习惯了王浆口服液甜味儿的消费者并不接受纯王浆的酸涩，而四百元一公斤的价格更是让人望而却步。

216

中国养蜂协会副理事长颜志立："我给他泼过冷水，市面上当时流行的是王浆蜜，它的比例不高，只有2%，纯的王浆，价位很高，一公斤在80年代末的话，它从生产者处收购过来，就比现在高三到五倍，那你要是和现在说，要10倍的差价了。"

朱黎的妻子："开业的时候是最惨的时候，他就是说，几天都不能卖一笔，咸菜吃一个星期，一个很阳光很朝气的人，后来胡子拉碴的，都完全变了一个形，我见了他都不敢认了。"

在硬挺了几个月后，朱黎决定走街串巷上门推销，靠服用后的疗效对比让大家区分开纯王浆和王浆口服液。整整四年，朱黎跑遍了武汉的大街小巷，给每个顾客都建立一份贴心档案，并将这些客户组织在一起彼此进行交流。

消费者："有时我们还是交流一下，因为有时他会搞一些活动，把这些经常吃的人经常聚到一起开个会，谈谈感想。"

朱黎："我们和顾客互动，顾客和顾客互动，也不是光我说，我说我是吹牛的，你让顾客跟顾客交流，他们顾客互相留电话，联系地址，他们成为朋友了。"

记者："这是什么呀？"

朱黎："找顾客的贴心档案，我们最原始的，从1989年开始，第一批，17年历史了，成了黄皮书了。"

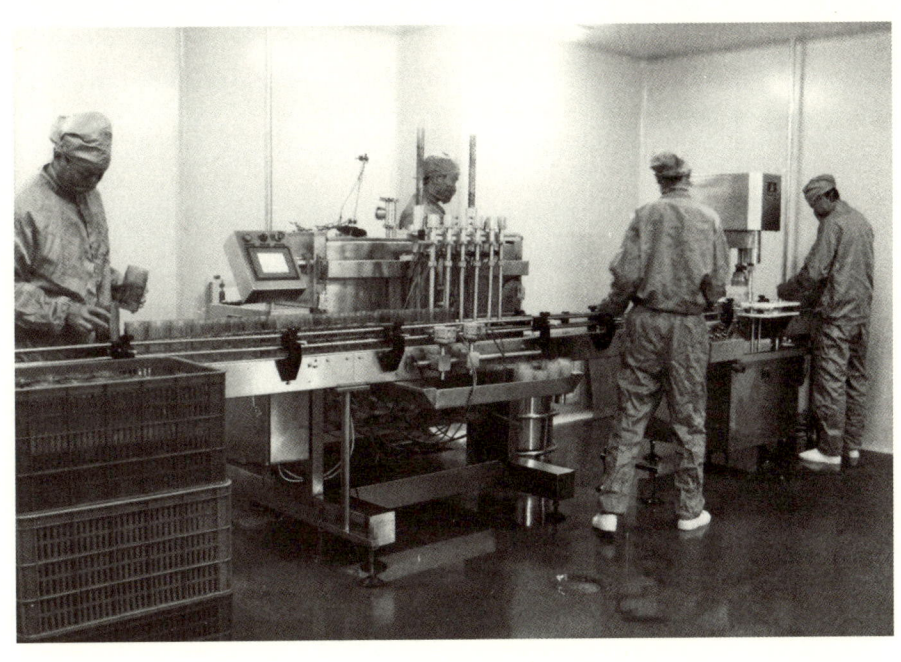

开业四年后，靠口碑，朱黎建立了近一万人的顾客档案资料，赚到了自己的第一个十万元。然而，1993年，正当他想大展拳脚的时候，他突然发现客人越来越少了。那稳定的客源为什么会流失呢？

朱黎："很多人认为王浆是蜂王生产的，这个是最大的错误，王浆其实是小蜜蜂分泌出的乳汁，专供蜂王享用的。"

上世纪九十年代中期，武汉市民经常在媒体上看到有关蜂产品的科普宣传，而这些都是朱黎精心设计的，他用铺天盖地的科普文章、讲座灌输给武汉市民一个意识，蜂蜜和王浆是保健品，不是药，需要长期服用。

朱黎："顾客有一部分带着治病的心理来服用你这个王浆，好了之后，他就停了，不用服用了，没有办法我就把我的积蓄投入到科普的宣传。目的就是让我们的顾客知道要长期服用的时候，那么他们会慢慢成为我们公司的终生的客户，这才是我们赚钱的时候。"

为了让武汉市民知道王浆要长期服用，朱黎铺垫了整三年，然而，让他没料到的是，刚刚初见成效，就有无数人磨刀霍霍想和他一起吞下这块蛋糕。

朱黎："1999年，武汉市就发展到600多家店，全部是王浆专卖店，一些养蜂的，看到你红火，他进入市场，拿刀相向，要切这个蛋糕，都来分了。"

突然多出600个竞争对手，朱黎一下子有点儿蒙了，而紧接着他又被卷入降价的恶性竞争中。当时他的纯王浆是每公斤400元，而同行则压到98元一公斤，400元对98元，朱黎毫无还手之力，就在这时，贴心档案中的老顾客纷纷以退卡威胁要求降价，集体逼宫让朱黎感到毫无退路。

员工曹德祥："店里面人山人海，要求我们降价。"

员工毕波："接近三分之一的顾客都流入到其他商家，当时其实营业员，包括管理人员，包括老总，心里其实都很紧张。"

朱黎："当时我想了，这个口开了，那我将全线崩溃，我整个的顾客全部都要跑，既然你能降，还可以降，所以我一直坚持着。"

这时的朱黎已经完全无法发展新的客户，只能靠常年信任自己产品的部分老客户维持着正常开支。此时，武汉的蜂产品市场中很多商家因降价为了保住成本纷纷降低质量，而朱黎对自己的产品仍然坚持着一个纯字。

朱黎："蜂蜜在蜂箱里必须像这样的情况才能取，什么情况下？全部封盖。这个封盖蜜是怎么回事呢？把花上的甜汁采回来后，至少要放一个星期以上，假如说它今天采回来，你今天把它打出来，浓度非常低，水分高了，那我就用机械来加工它，那

就是机械化的蜜了。"

蜂农："跟其他人合作，他要求什么样的浓度，我就生产什么样的浓度。是这样的。要是他要求生产水蜜，浓度低的，我们就生产浓度低的。"

朱黎："我跟他们说了，他们想来现的呗，恨不得马上把蜜蜂屁股挤一下马上变出钱来，他不是挤出蜜来，而是挤出钱。"

朱黎的蜂蜜和王浆全部是蜜蜂自酿而不经机械加工的纯天然产品，在成本上根本无法和市场上的最低价相抗衡，坚守价格使朱黎在一片降价声中完全处于死守的窘境，而这一守他就守了四年。

2001年10月，朱黎突然发现他可以变守为攻了。

朱黎："天赐良机，有一个商家想独吞武汉的蜂蜜市场，那就找到一个卖点，说是茶水兑那个蜂蜜，要是变黑，那蜂蜜就遭到了重金属的污染。商家的炒作铺天盖地，所有媒体都有。我就等待时机，让他炒个够。"

密集的广告轰炸让武汉市民纷纷端着茶叶水去买蜂蜜，朱黎主动在店里给顾客准备好茶叶。不经意间，员工发现朱黎情绪一天比一天好。

妻子："反正他就是一天比一天高兴了，我就纳闷儿了，我说你生意没见好，怎么这样子高兴，你什么意思啊。"

朱黎："我当时就对我老婆说，我就是一只黄雀。"

两个月后，朱黎企业在投入20万广告费后朱黎拿出两万元钱，又做了一条广告，专教消费者区分不变黑的蜂蜜中哪种是纯天然蜜蜂酿造，哪种是机械加工的。这下子，他的店面顾客盈门。

朱黎："我借东风啊，广告一宣传出去，12月份的销售计划不到半个月就完成了。从1989年到2000年11年的时间，我只有5家店，2001年，我一下子开了8家，你开一个店，你就爆一个店，那个时候你的情绪高涨，膨胀，不是高涨了。"

到了2003年，朱黎一共开了15家店，年销售蜂蜜王浆达到3百多吨，一年就赚了1000多万，此时春风得意的他丝毫没有预料到一场阴谋正在他周围悄悄地酝酿。

2003年4月，当地报纸突然报道朱黎的蜂蜜，以次充好，一项技术指标没有通过国家检测，于是，大量顾客堵在厂内要讨说法，朱黎觉得天塌了。

朱黎："傻了，不知道啊，谁检测的，谁检测的？"

员工毕波："一时间，店里、消费者，还有一些媒体都打电话到公司来，哎呀，那个情景真是乱得不得了。"

　　心急如焚的朱黎找到报社，得知报道的依据竟然是武汉市农业部门检测中心的检测报告，于是他马上给检测部门发了一张函。

　　朱黎："农业部门检测中心给我们回了一个函，回的函就是说本中心及中心领导不知道此事发生，并未出示检验报告。"

　　于是朱黎知道自己被同行陷害了。

　　妻子："晚上睡觉的时候，他简直像烙饼一样的，就是整晚整晚的睡不着，一早晨起来，看到床上这个头发都是一片一片的，他一不快乐，那我肯定就快乐不起来了。"

　　就在全家疲于应对的时候，技术监督局根据举报又查封了加工厂。并要求对所有产品进行抽样检测，然而，正是这个要求，朱黎的心里一下子有底了，于是，他对当时来查封的技术监督局万局长提出了一个要求。

　　朱黎："我也希望技术监督局将检验的结果无论是好还是坏，我希望他登报。"

　　随后朱黎又主动封了自己的15家专卖店，这在武汉引起了轩然大波。

　　员工毕波："当时不管是顾客、媒体，甚至其他的一些商家，同行们，他们都不理解，都不知道我们葫芦里卖的到底是什么药。"

　　朱黎："我希望他把事情闹得越大越好。"

　　15天后，朱黎接到万局长的电话。

　　武汉市汉阳区技术监督局副局长万启江："得到结果后我马上就给朱总通知。"

　　朱黎："这个局长把结果一拿到手，第一个打给电话的是我。他说朱总……"

　　武汉市汉阳区技术监督局副局长万启江："别人举报你这个是不实的，检测还是有说服力的，数据最有说服力，说你这个质量都很好。这件事对你来说，反而是件好事。"

　　果然，朱黎因祸得福，武汉几家有影响的报纸上，朱黎大肆炒作律师的严正声明，并公示了技监部门检测合格的报告，在查封后的第20天，15家专卖店同时开门营业，为了让消费者更放心，他索性将加工厂定期开放，到2005年，朱黎共在武汉开了18家专卖店，产品被评为省名牌，并在全国各地建立了1000多个联合蜂场，年产王浆和蜂蜜500多吨。

资料来源：
央视国际网站2006年2月6日文章《蜂蜜市场的"不倒翁"》

追寻百年后第一枪
金凰股份

金凰股份：
登陆纳斯达克

文/项俊平

从IPO上会被否,到借道OTCBB登陆纳斯达克,"金凰股份"演绎了一场"凤凰涅槃"的大戏。"金凰股份"即将迎来属于自己的黄金时代,成为行业内黄金首饰产能最大的公司和有高度责任感的行业领军企业。

最终决定远走高飞,是在IPO上会被否之后。

日前,武汉金凰珠宝股份有限公司(以下简称"金凰股份")借道OTCBB成功转板登陆纳斯达克,成为中国黄金首饰行业第一家在美国上市的公司(证券代码KGJI,即Kingold Jewelry Inc.)。

这是继武汉鼓风机有限公司之后,第二家在纳斯达克主板上市的武汉本土企业,也是湖北省第8家在海外上市的企业。

"金凰股份"终于插上了一双冲天高飞的"金翅膀"。

什么是OTCBB?

上述问题如果放在前几年,"金凰股份"董事长贾志宏也许对它还谈不出个完整的道道来,但现在,通过与OTCBB的亲密接触,贾志宏对它已是耳熟能详,非常了解和熟悉。

2010年3月18日,贾志宏前往美国,就"金凰股份"进入美国资本市场一事与纳斯达克OMX集团总裁麦柯奕进行会谈。

15天时间,贾志宏向美国各大投资机构详细介绍了金凰股份的经营状态、近几年的业绩以及未来的发展策略与目标。并与各投资方充分交换意见,最终就登陆纳斯达克达成系列的共识。

这是一次卓有成效的路演之旅。

登机回国的刹那,贾志宏知道,金凰股份将与OTCBB结束幸福的恋爱时光,并通过转板纳斯达克(NASDAQ),与美国资本市场缔结"姻缘"。

此时的贾志宏,百感交集。

2008年8月4日,"金凰股份"向A股市场发起了首次冲刺。

"当时,'金凰股份'拟在深圳证券交易所发行3334万股人民币普通股。"长江证券的分析师介绍说,不料,"金凰股份"的首发申请未被中国证监会审核通过,本来有望成为中国黄金首饰行业第一家上市公司的"金凰股份"其上市计划就此搁浅。

据业界测算,若此次公开发行3334万股,贾志宏仍将持有"金凰股份"44.85%的

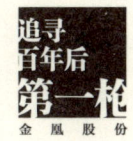

股份。按照市场平均市盈率20~30倍来推算，贾志宏的资产将增值7至10倍，个人财富达到4亿至6亿元左右。

就在许多人为贾志宏失去一次暴富的机会而感到可惜的时候，贾志宏并不为之所伤，他真正痛心的，是"金凰股份"因为IPO上会被否而失去了一次展翅高飞的机会。

据当时采访过贾志宏的媒体朋友介绍，事发当晚，贾显得有些"悲伤"。但他表示，"金凰股份"半年后还将再次发起上市冲锋。

此后，沉默如金的贾志宏愈显沉静。但他没有等到半年后。IPO上会被否仅仅过了不到一个月的时间，急于做大做强的他，便开始酝酿着一场新的更大的资本风暴。

当年9月，香港致富融资有限公司（以下简称"致富融资"）意外邂逅"金凰股份"。并向其提出了美国上市和融资方案。

据了解，"致富融资"是香港证监会持牌券商机构之一，已成功运作6家国内民营企业在美国NASDAQ和OTCBB融资上市，3家公司在香港主板和创业板上市，涉及能源、环保、消费品、高科技等行业，累计为企业引进资金数亿美元；同时公司也积极参与企业上市相关的直接投资与私募融资，累计完成企业直接投资约4000万元人民币，私募融资超过1亿美元。

从此，"致富融资"与"金凰股份"便进入热恋状态——

10月，双方签署财务顾问协议，"致富融资"承担"金凰股份"财务顾问工作。11月，"致富融资"进场开始法律架构设计、财务整理及路演文件准备。12月，审计师进场，并协助企业开展审计工作。

进入2009年后，双方的关系更是"如胶似漆"——

1月，"致富融资"协助企业完成审计、架构重组与路演文件。8月，"致富融资"为企业引进第一笔国内私募融资6400万人民币。9月，向企业引进美国投行。12月28日，企业完成反向收购，同时获得第二笔融资500万美元。

据介绍，反向收购（Reverse Merger）又称买壳上市，是指非上市公司股东通过收购一家壳公司(上市公司)的股份控制该公司，再由该公司反向收购非上市公司的资产和业务，使之成为上市公司的子公司。

"在反向收购中，企业并购的对象通常是一个在OTCBB上交易的公众公司。"长江证券的分析师介绍说，美国证券市场分为交易所市场和场外交易市场。在早期，一些企业的股票在交易所外进行交易，称之为柜台交易(OTC)或场外交易，这些交易由国会于1939年授权设立的美国证券商协会(NASD)管理。

1971年，NASD设立了一个电子报价系统NASDAQ，将符合一定条件企业的股票纳入该系统交易，以提高这些场外交易的效率。1990年NASD又设立了另一个电子报价系统OTCBB(Over The Counter Bulletin Board)，意即"纳斯达克股市招示板"，供不能满足NASDAQ条件的场外交易股票进行交易。

因为OTCBB上市门槛低，一直以来受到中国民营企业的追捧。

据了解，一个在纽约交易所(NYSE)、美国交易所(AMEX)和纳斯达克(NASDAQ)三大市场挂牌交易的公众公司被摘牌后，如果仅仅是因为量化指标方面不能满足要求，它通常会在OTCBB继续交易。反过来，一个OTCBB的公司，如果满足了三个市场的要求，就可以向该市场申请而到该市场挂牌交易。

至此，"金凰股份"转板上市只是时间问题。

登陆纳斯达克

美国时间2010年8月18日上午9点30分，金凰股份（Kingold Jewelry Inc.）成功登陆纳斯达克。

此时，离贾志宏上次去美国恰好五个月。

贾志宏、总经理赵彬及武汉市政府相关领导出席了上市仪式。金凰股份首日以7.95美元开盘，9个交易日最高上摸11.95美元，总市值约3.4亿美元。

这是继武汉鼓风机有限公司之后，第二家在纳斯达克主板上市的武汉本土企业，也是湖北省第8家在海外上市的企业。

"金凰股份"成立于2002年8月，注册资本1亿元，主营业务为金银饰品的生产、加工、批发兼零售等，是我国规模最大的集研发设计、生产制造、批发零售、投资交易于一体的现代化、综合性黄金首饰生产企业之一，其"金凰"牌系列产品被授予"中国名牌"产品、"湖北名牌"产品、"中国珠宝首饰业驰名品牌"等称号。目前市场占有率名列全国前茅。

"预计一年内将可募集到4亿多美元。"8月31日，从美国返汉的赵彬对外表示。

至于此次上市募集资金的用途，"金凰股份"没有对外披露。记者通过"金凰股份"IPO首发招股说明书（申报稿）略知一二。

在招股说明书中，"金凰股份"准备将发行所募集的资金全部用于黄金首饰制造业务产能扩大项目，总投资为1.9亿元，其中固定资产投资15171.75万元。主要用于年产15吨黄金首饰扩产项目；现有厂房改造；添置与项目配套的黄金首饰加工设备和黄金首饰专用运输车辆；升级改造现有安全监控系统等。

在这份招股说明书中，最引人关注的是，"金凰股份"将通过本次扩大产能，取

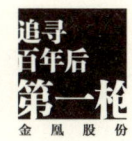

消全部的黄金首饰外协加工，所有的黄金首饰将全部由自己生产，实现从产品模仿向自主创新、从重生产向重设计的重大转变。

上述项目完成后，"金凰股份"可新增黄金首饰生产能力15吨，形成23吨/年的黄金首饰制造能力，市场占有率可望达到6.57%，成为行业内黄金首饰产能最大的公司和有高度责任感的领军企业。

据了解，未来随着中国经济的平稳快速发展，中国的黄金首饰制造行业还将持续快速发展，市场容量将不断扩大。预计到2010年，中国黄金首饰制造销售额将达到人民币950亿元以上，比2007年增长44%。2015年中国黄金首饰制造市场销售额将达到人民币1700亿元以上，比2007年增长157%。

目前，刚刚登陆纳斯达克的"金凰股份"正启动人才招聘计划。涉及董事局办公室、总经理办公室、品牌管理中心、营销管理中心、行政人事中心、财务管理中心和首饰生产厂等部门，计划招聘267名各类人才。其中董事局秘书1人；副总经理2人。

凤与凰是中国古代传说中的鸟名，在西方神话里又叫火鸟、不死鸟，形象一般为尾巴比较长的火烈鸟，并周身是火。神话称，凤凰每次死后，会周身燃起大火，然后在烈火中获得重生，并获得较之以前更强大的生命力。"金凰股份"从IPO上会被否，到借道OTCBB登陆纳斯达克，生动地演绎了一场"凤凰涅槃"的大戏。

"金凰股份"即将迎来属于自己的黄金时代。

追寻百年后第一枪 安琪酵母

安琪酵母：
闯入福布斯

文/项俊平

<u>经过几年的推广，一小包一小包的安琪酵母成功进入了中国的百姓家庭。一时间，安琪成了酵母的代名词，酵母也成了安琪的别名。</u>

在福布斯日前发布的月度"中国股票之选"中，一家湖北上市公司榜上有名。

2010年7月5日，福布斯对外发布消息：受益于人民币升值预期，宝钢股份（600019）、安琪酵母（600298）、华发股份（600325）、华联综超（600361）、福耀玻璃（600660）入选7月"中国金股"排行榜。

一时间，安琪酵母成为股民关注的焦点。

安琪酵母"发酵"民族产业

安琪酵母（600298）能够闯入福布斯法眼，其实并不意外。

据了解，这家总部设在宜昌的公司，出身非常"卑微"。"它始建于1986年，只是宜昌的一个食用酵母基地。"一名知情人告诉记者，当时，很多人并不知道酵母是什么。

事实上，不光是外界，连其"掌门人"俞学锋也对这个产业有点"傻了眼"。用他的话说，宜昌并不是一个做酵母的环境，远离糖料产地市场，从经济学的角度来说，它的确不适合。

更何况，当时全国已有三个两千吨的酵母企业。一个没有原料、没有资金的研究所，能做大酵母产业吗？俞学锋憋着这口气，越是没有资源，越要做出特色，越要做出市场，越要做出品牌。

据介绍，酵母是用于面食发酵、酿酒行业中不可替代的添加剂，是快速消费品。其消费量市场自然增长率在10%左右。中国已成为世界酵母市场的新兴市场。

针对中国发酵面食90%以上都是家庭制作的现实，俞学锋把市场紧紧盯在中国的千家万户上。

众所周知，中国千百年来都是用老面来进行发面的，如何让中国的老百姓改变这种千百年的传统发面习惯，而接受用安琪开发的这种小包装的酵母发面，俞学锋想到了在中央电视台打广告。

有了广告开道，安琪酵母抓住北方人爱吃面食的特点，开始在北方城市的各大商场进行现场推销。俞学锋还亲自跑到北京王府井做推广。

但另一片市场，俞学锋也没忘记，那就是中国巨大的农村市场。只不过，他走的

是"城市包围农村"的战略。

经过几年的推广,一小包一小包的安琪酵母成功进入了中国的百姓家庭。一时间,安琪成了酵母的代名词,酵母也成了安琪的别名。

就在产品无法满足市场供应而即将失去的节骨眼上,俞学锋作出了一个大胆的决定,进行二期技术改造,扩大生产规模。

然而,由于是在一期生产线基础上进行改造,这也意味着安琪酵母至少要停产3个月,而这三个月停产对于安琪刚刚建立起来的市场来说无疑是一场致命的"赌博"。

俞学锋别无选择,实施扩能工程。

二期改造工程完成之后,安琪的生产能力由从前的年产2000吨,提高到年产4000吨,一跃成为亚洲生产规模最大的酵母企业。

2000年,安琪酵母登陆资本市场,正式开始了资本扩张的道路。

依托上市募集资金,俞学锋又实施布局全国的"东西南北中计划"——建厂。安琪酵母收购了山东滨州的一个很小的酵母厂。并陆续在新疆伊犁、内蒙古赤峰、河南睢县、广西崇左等地新建或改造了8条酵母生产线。

随后,安琪又提出了新的战略目标——国际化。

"我们走出国门,最早进入国际市场是通过新疆进入独联体,哈萨克斯坦、吉尔吉斯斯坦、乌兹别克斯坦。"俞学锋说。

安琪酵母目前已经成长为从事酵母、酵母衍生物研究和产品制造的国家重点高新技术企业和上市公司,其酵母生产规模、市场占有率均居于国内及亚洲之首。产品出口全球100多个国家和地区。

福布斯的推荐理由

一粒小小的酵母,急速地"膨胀"了一个大产业,堪称中国奇迹。

去年,安琪酵母年报显示:公司全年实现净利润2.99亿元,同比大增109%,其中营业收入16.86亿元,同比增长28.60%,归属母公司所有者的净利润2.10亿元,同比增长101%,基本每股收益0.7745元,同比增长101.15%。净利润同比增长达到收入同比增长的3倍以上。

目前,安琪酵母的竞争优势正在持续增强。它在产能快速释放时期的布局深度和广度令同行在短期内无法赶上。

因此,安琪酵母闯入福布斯7月"中国5金股"的法眼,并不令人感到惊讶。

2010年7月5日,与安琪酵母一同登榜《福布斯发布中国股票7月之选》的其他几支股票分别是宝钢股份、华发股份、华联综超和福耀玻璃。

海通证券王伟分析认为，这5只"福布斯金股"里面，3只是行业龙头，分别是宝钢、安琪、福耀，另2只是区域里竞争实力很强的公司。

福布斯的理由是——

宝钢规模优势和产品优势明显，人民币升值有助于宝钢缓解进口铁矿石涨价的压力；而安琪酵母产品成功提价，让这家小而强的公司盈利能力增强；华联综超遍布全国的渠道的价值不可小觑；福耀玻璃则受益于中国汽车市场的火爆，作为国内最大的汽车玻璃制造商，将能从此中分一杯羹。

福布斯中文版与AFG认为，"近期中国A股面临内忧外困，但个股的投资价值已经显现。在人民币升值预期的背景下，一些股票的价值得到了强化。因此他们推荐的股票都具有诱人的成交价格。"

据悉，这次推荐是由《福布斯》与美国AFG公司合作完成的。

消息发布后的第一天，安琪酵母股价为33.54元。但远低于福布斯认为的其"内在价值43元/股"的价位。

酵母之王"酵"对未来

其实，看好安琪酵母的，不只是福布斯。

此前，招商证券将安琪酵母列为"强烈推荐-A"评级，他们认为，安琪酵母拥有优秀的经营团队，国内市场拥有50%份额及较高定价能力，受益于庞大的人口基础、消费升级趋势，国际市场以良好的性价比抢占份额，国内国际未来发展空间皆巨大。

国联证券也认为，鉴于安琪酵母未来的高成长性以及业绩持续增长明确，给予安琪酵母2010年35倍PE，2011年30倍PE，对应公司合理价格为36.75～39.0元。

虽然被各界看好，但安琪酵母这家全球第三的中国酵母生产企业并没有停下追求的脚步，反而继续加大了国际化的进程。

2009年末，安琪酵母发布公告称，公司计划在埃及投资设立安琪酵母（埃及）有限公司，并由安琪埃及新建年产15000吨高活性干酵母项目。该项目公司将累计出资1980万美元，折合人民币约1.35亿元。

"项目投产后，安琪酵母的产品将辐射整个北非和中东酵母市场，进一步增强国际竞争能力。"俞学锋说。

由此看来，安琪酵母将发酵出一个更大的国际市场。

眼下，安琪酵母正进入事业新的发酵期。

对于它的未来，分析人士认为"钱"景广阔，一是它的产能释放。2008年~2010年是安琪酵母产能快速扩张时期，产能释放的过程即是其业绩快速增长之时期。二是综合成本下降，企业新增产能均在原料基地，原料、电力、税收等成本均较总部下降。同时，经过多年技术改进，环保运行成本也明显下降。

此外，安琪酵母进行了产品结构调整，高毛利产品销售比重增加，从而拉动公司整体产品毛利率提高。同时公司的产品价格也不断提高，也是重要影响因素。与此同时，随着安琪酵母生产规模的增加，产品出口规模逐步增加。

对此，俞学锋也有自己的解读——

"安琪酵母已经确立'做国际化、专业化酵母大公司'的发展战略。将立足于酵母生物产业，坚持以干酵母产品为基础，迅速扩大酵母生产销售规模，大力拓展国际酵母市场；提高公司盈利能力，提高国际化水平，全面推进公司业务的快速发展。因此，它的发展前景非常广阔。"

俞学锋笑了。

透过他的淡定的笑容，人们仿佛看到了安琪酵母未来灿烂的"酵"容。

追寻百年后第一枪
木兰葛产品合作社

木兰葛产品合作社：
全国首家"海归版"

文/聂春林 王传晓

"海归"和具有中国特色的农业合作社的首次联姻——湖北省木兰葛产品专业合作社，于2007年8月2日在武汉成立。创建这样一个"国内首家海归版"农民专业合作社和湖北首个省级农民专业合作社，得到了人民日报、新华社、中央电视台、21世纪经济报道和武汉晚报、武汉晨报等诸多媒体的强力宣传和报道，甚至美国侨报、人民日报海外版、日本电视网及新加坡MCN也在海外大幅进行报道。让我们且看这是怎样的一个创举。

在注册资本为3000万元的木兰葛产品专业合作社中，从美国归来的陶兵林和妻子徐薇以自己企业博嘉科技入股2180万元，而闵国桥等15户农民，则以自己承包的山地及种植的葛根入股，每户计作10万元。

在长轩岭镇，党委副书记张钦，这位出过两本书、对"三农"问题颇有研究的乡镇干部，正是这一"海归版"合作社的幕后推手。

成立

根据《合作社法》，一家合作社的发起人，最低为20人，而农民的比例，最低为80%。而木兰葛产品专业合作社，发起人正是20人。其中，有16位农民（一位农民以企业入股，算作一户农民），1家企业，另加3位"海归"。

在这家合作社中，陶兵林和夫人徐薇除了企业入股外，还以个人名义认购560万元的股份；留日学生邵仙墙以自己的企业石门山天然食品有限公司入股，作价60万元；本地农民张远胜，以自己的企业羊角山圆圆食品有限公司入股，该企业50万元注册资金转为股本；其余的15位农民，则以荒山和种植的葛根入股。

但这并不意味着，这三家企业的"腹地"只有这15户农民。邵仙墙和张远胜的企业，都跟当地农民签有保护价收购葛根及其产品的合同。这样算下来，合作社目前有土地1000亩以上，相关农民有3000多人。

"我们的目标是，争取明年土地有2500亩，农民增加到10000人。"陶兵林表示。

长轩岭镇邻近武汉，葛产品种植加工产业发达，有着一条比较成熟的产业链。但近年来，葛根种植始终跟不上加工能力的迅速扩张。

该镇最初酝酿的，是成立葛根协会，而不是农业合作社。转机来自2007年6月，国家允许成立合作社的消息传出，张钦与陶兵林、邵仙墙、张远胜等协商，决定成立农业合作社。

"过去种植什么,都是由村委会发起,他们其实是在行使农业龙头企业的职责。我们合作社,就是代替政府行使这方面的职能。"陶兵林坦陈,相比于葛根协会,农业合作社是独立的企业法人,拥有生产经营权,在贷款方面,也更为便利。

农业部农经司专业合作处副处长鞠传莲向记者表示,非农民作为合作社的理事长,"我们不提倡也不反对"。而木兰葛产品农业合作社的理事长,正是留学归来的陶兵林。

合作社15户农民有13位来自同一个村——闵家下湾,这是否是为了成立合作社凑人数?对此,张钦向记者表示,选择的农户都是"种植葛根的积极分子"。12户种植葛根的农民,显然和闵国桥一样,感觉加入合作社划算:政府给苗子,合作社包销路,这样的好事到哪里找?

邵仙墙向记者表示,没有让更多的农民加入进来,是担心他们能不能提供稳定的原材料。此外,一旦生产能力过剩了,合作社亦无力消化农民的产品。

"强人俱乐部"

虽然发起人里有16位农民,与之相关的农民有3000人,但真正操控这家合作社的,还是三家企业,相当于"强人俱乐部"。

而这三家企业,正好处于产业链的上中下游。

张远胜的羊角山圆圆食品有限公司,主要生产葛粉豆丝、葛粉油面等食品,销往大型超市。邵仙墙的石门山天然食品有限公司,主要是加工提炼葛粉并出口到日本。而博嘉科技,则是在葛粉中提取葛根素和黄酮中间体,其市场全部在海外。

张钦向记者介绍了合作社将来的运作模式。一方面,合作社以保护价收购农民手中的葛根。根据三家企业的承诺,合作社内部,按照保底价1元每公斤收购葛根,如果市场价格超过1元,则是以不低于市场价收购。另一方面,合作社内部形成一种互相让利的机制,提高整体面对外界的竞争力。

"比如葛粉,只有邵仙墙一家生产,根据协议,他就不能以高于合作社之外的价格销售给合作社内的企业。"张钦认为,在安内的前提下,三家企业一致对外,"竞争力强了,市场扩大了,大家分红也就多起来了。"

不过,对于农民来说,分红还存在一些困难。张钦向记者表示,"如果合作社的规模扩大到10000户农民,分红就会像撒胡椒面一样,每户的收益很少"。

相反,在购销环节上,给农民以实惠,正是合作社运营的核心。

这在法律上也行得通。农业部农经司专业合作处副处长鞠传莲表示,根据《合作社法》，专业合作社年终分配盈余，首先按成员与本社的交易量（额）比例返还；其次，按股金和公积金份额的比例分配。"

张钦透露，今后合作社会在总收入或者利润中，拿出一定的比例，作为公共积累。"如果出现企业和农民利益的不一致，我们就会考虑用公积金来平抑各方面的利益差距。"

目前，在合作社内，农民种植葛根，种苗和平整土地由政府完成，农民10亩葛根仅需投入100多元的复合肥。农业合作社成立之后，政府每年数百万元的投入，可以转为合作社的公共投入。

根据《农业专业合作社法》，理事会会议、监事会会议的表决，实行一人一票。几家出资企业并不担心"大权旁落"。

在这家合作社决策的时候，16位农民每人一票，占有80%的表决权；其余20%的投票权，则按出资额分配的投票系数表决。

陶兵林向记者表示："我本人就是合作社理事长，加上按出资额分配的投票系数，我基本可以保障企业的利益。"

在合作社中，农民也需承担相应义务。除了按时供应产品外，产品质量还要符合企业的绿色要求。闵国桥的葛根基地，因为兔子猖獗，曾经打算打农药治兔子，但这遭到了合作社的否决。"不仅葛根不能打农药，就是周边也不能打农药。"

合作社计划给每个农民生产出来的葛根，贴上商标或者编号，一旦出了问题，就可以追根溯源。

"摸着石头过河"

张钦坦言，至今合作社的具体运行机制仍在探索之中。

他现在正在考虑，对农民以自己的土地承包权入股，实行货币化核算。"按照现在黄陂对农民的土地征用补偿，是2万元每亩。"

但这一设想在法律上是否行得通，还有待上级政府明确。

张钦告诉记者，他们希望有一些原则性的东西出来，同时又不要绑得太紧。太宽泛了，合作社不知道自己是否越线；太具体了，又限制了基层的创造性。

2007年7月31日，国家发布文件，将选择100家全国性示范建设合作社，资助2000万元进行扶植。"目前，合作社挂湖北名字的，全省只有我们一家，我们有希望成为湖北队的主力入选100家之列。"陶兵林告诉记者。

鞠传莲向记者介绍，目前全国的农业合作社还处于探索阶段。相对而言，浙江在

这方面走在前列。

华中科技大学著名三农问题研究专家吴毅教授分析,判断一个农业合作社是否成功,关键有三点:一是农民是否自愿;二是农民是否从中受益;三是农民的谈判和维权能力是否得到提高。

黄陂的葛产品农业合作社,盈余返还的是股东,而不是生产者。以此为标准,显然,第三点正是湖北省木兰葛产品专业合作社的软肋,也是他们正在着力研究解决的问题。

资料来源:
21世纪经济报道2007年8月29日文章《湖北黄陂试水:"海归版"农业合作社现身》

追寻百年后
第一枪
洪山菜薹

洪山菜薹：
"天下第一蔬"怎样炼成

文/夏永辉 董义忠 程慧朋

通常，菜农种地单一品种的亩均收入，从二三千元到六七千元不等，突破万元的可谓凤毛麟角。

农业专家表示，洪山菜薹亩产收入高达11万元，放眼全国堪称"天下第一蔬"。

武汉楚天洪山菜薹产业开发有限公司接过传承"天下第一蔬"的大旗，欲将另辟蹊径，走出独特的蔬菜经营发展之路。

企业化夯实发展之基

冬日的洪山菜薹原产地，薄雾漂渺，紫绿的菜叶上凝着白霜。

站在水泥岸边，李乐文依稀记得这里7年前的模样：附近多是矮小的民房，还有一些坟墓，十多农户种植20多亩菜地，长势参差不齐。

当时，市区两级政府决定重振洪山菜薹声威。2004年，洪山菜薹原产地经过迁坟、填塘、拆违，扩展至80亩；区里实施招标，冀望企业化运作盘活洪山菜薹。

经过激烈角逐，楚天洪山菜薹公司正式担起洪山菜薹发展重任。该公司与村里签订20年的土地流转合同，头5年承租价为18万元，往后每5年递增2万元～3万元。

区农业局副局长易建平表示，采用企业化运作，最大的好处就是形成了一个明确的利益主体，避免农户间相互扯皮、对市场反应不灵敏等缺陷。

李乐文介绍，企业将土地返租给农民、再以3元/公斤～5元/公斤价格回购，既能确保洪山菜薹产品合力闯市场，又能让种菜农民年收入达到1.5万元以上。

标准化打造品质之源

菜田内，30多岁的农民乐文辉哈着腰，一根一根地用刀掐菜薹，个把小时才摘一筐。

乐文辉说："摘菜薹，在它长到30厘米–40厘米并初花时最好；掐薹要减少伤口面，防止表皮拉伤；晴天或下午摘有利伤口愈合，防止感病。"末了，他呵呵一笑，这不是自己总结的，而是《洪山菜薹地方标准》、《洪山菜薹栽培技术规程》上要求的。

2005年，洪山菜薹制订了我省首个生鲜蔬菜生产的地方标准。对菜薹种植实施统一配种、统一栽培、统一施用有机肥、统一收购，使它长得又嫩又壮，吃着又脆又甜，整体品质水平得到大幅提升。

基地的加工车间里，女工将菜薹洗净，分捡整齐，再用保鲜薄膜包扎，放入制作

精美的纸盒袋内，最后还配一本有关洪山菜薹历史文化的精美画册，一份产品就这样"出炉"了。

李乐文说，高档礼盒中，一捆菜薹只有八根，但它们的粗细长短如一，这样的品质及看相和"大路货"有着天壤之别；同时，规范流程才能建立起全面的质量监管及来源追溯体系；在确保品质和安全的前提下，高端消费者才会认同优质优价。

品牌化成就市场之魂

武汉市社科院新农村研究中心主任王铁认为，洪山菜薹能够卖出高价，最主要的原因就是品牌带来了增加值。

江城市场上销售的一般红菜薹，种类繁多，数量也不少，菜农在去年冬暖时竞相杀价到了每市斤一毛钱。

正宗洪山菜薹走的是精品路线，依靠品牌占领高端市场，这正如轩尼诗干邑等一样。

近年来，与洪山菜薹历史文化有关的掌故传说被结集出版，逐渐流传全国；送礼送洪山菜薹、点菜点洪山菜薹，消费的是一种文化。2005年，国家农业部专家在评审洪山菜薹地理标志保护时说，开创全国生鲜蔬菜先例。洪山菜薹还先后申报成为绿色食品、地理标志证明商标、湖北省著名商标，并在专场拍卖会上拍出了2000元/公斤的天价，市场美誉度与日俱增。

资料来源：
荆楚网—湖北日报2011年2月1日文章《"天下第一菜"怎样炼成》

追寻百年后第一枪
大方学校

大方学校：
青龙山下一场"读经革命"

文/倪云 金军

一个学中文的美国学生，看到中国留学生十分高兴："我听说中国有一本书叫《易经》很有名。能给我讲讲吗？"

"I am sorry, 我没有读过。"

"你们中国有一本《庄子》。"

"I am sorry, 我也没有读过。"

"你们是礼仪之邦，《礼记》讲些什么？"

"I am sorry, 不知道。"

"那么你们有一本书，叫作《唐诗三百首》。"

"噢，我读过两句，春眠不觉晓，处处闻啼鸟。"

……

江夏青龙山下，湖光水色粼粼，童稚读书朗朗，校门上有南怀瑾先生亲笔所题"大方学校"四字。一场"读经革命"来临。

不是极端人文主义卫道士，不做现代私塾，不在为武汉增添一所小学或者一所有特色的学校，武汉大方学校董事长余一清告诉《预言家》：不明中国文化，则易驰于外求，痛失自家宝贝。作为一个中国人，首先要熟悉自己的文化，植根塑魂必须从儿童开始。

缘起：教育世家的两个娃娃退学了

打响革命"第一枪"的是余家两个小娃娃。7岁的潘恂和表妹余思敏退学了，回家上"私塾"，读经典、看小说、游泳、学围棋。南怀瑾赐名："大方学堂"。

两个孩子可谓出身书香门第、教育世家。余思敏之父余一清和姑姑余一彦都是武大博士后，爷爷及诸叔公、姑婆多执教大学，奶奶是幼教界的佼佼者，曾祖父是受人尊敬的族长和私塾先生。

退学的决定者是余一彦，很坚决但酝酿良久。她6岁上学，从小到大考试都是第一名，27岁即是武大数学系副教授，在法国仅用20个月就拿下数学博士学位，创下该校记录。但她对什么都不感兴趣，甚至怀疑自己是不是麻木了。上大学偶然翻到蔡志忠的一则漫画，竟然感动得掉泪，寥寥数语讲透人生境界。

1998年，她结识了南怀瑾先生并拜他为师，追随其辗转全国作关于文化、教育和儿童潜能开发的演讲。

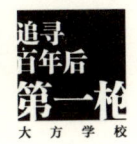

上世纪末,台湾学者王财贵教授发起全球儿童读经运动,在华人圈引起极大震憾。十几年来,他马不停蹄地在美国、东南亚、欧洲、澳洲及中国内地、中国台湾演讲一千多场,意欲恢复中华民族思想文化教育的内核。

余一彦和王财贵一起义务推广了七八年,甚至在所住的楼栋里挨家挨户敲门,请求邻居把孩子放学后交给她,她免费带孩子们读《三字经》、《弟子规》。

2003年,"大方学堂"变成"大方学校",余氏兄妹酝酿一场"童年革命"。用哥哥余一清的话说,"天之生人也,与草木无异。若遗留一二有用事业,与草木同生,即不与草木同腐。"

革命:"诵读经典"和"强健体魄"是必修课,小学生诵读16万字经典,每日100分钟体育课。

想象中一群小夫子着汉服摇头晃脑诵读经书的画面,没有出现。大方的学生初看跟普通的小学生没有两样,穿现代校服、系红领巾、做课间操,同样也要学语数英等国家规定的基础科目,要考试、开家长会,要打扫卫生评流动红旗。

负责教学的郭老师说:"我们不打算极端复古,是要回归中国人的本来面目和习惯。"

墙头廊间的国画山水,"启蒙班"、"立本班"、"固基班"的称谓,开设的古琴、围棋、书法、绘画、剪纸、手工、古筝、葫芦丝、舞蹈、声乐等课程,恍然回到儒家学堂的年代。每间教室内都有一幅孔子像,师生之间日常见面,要鞠躬问礼。进餐前,要诵读"锄禾日当午"、"一粥一饭来之不易"。

"诵读经典"是必修课。每天有1—2小时"规定时间",6年里学生必须诵读的经典篇目为:《弟子规》、《三字经》、《千字文》、《大学》、《中庸》、《论语》、《孟子》、《老子》、《庄子》、《易经》等,共计16万多字。

"读万卷书"不限于国学经典,古今中外名著都要饱览。2小时的自由阅读时间,书目涉及文学、历史、哲学、天文、地理、自然、科学等世界名著,孩子们可以自由选择《西游记》、《格林童话》、《海底两万里》或是《窗边的小豆豆》……。

"强健体魄"是必修课。孩子们每天保证有40分钟的体育课和60分钟的户外体育运动:足球、篮球、排球、网球、羽毛球、乒乓球、手球、跆拳道、瑜伽、武术、舞蹈。

"行万里路"是课外必修。参观军营和生物标本馆、到工厂做工、到农村种田、到郊外远足、游览碑林、卖报纸、捡垃圾、挖红薯、买菜、做饭、为穷困的患者募捐、为敬老院的老人打扫卫生……让孩子在"苦其心志、劳其筋骨"的体验中逐渐懂事明理，长大成人。

思想：中华儿童教育的内核是做人的道理

1988年，75位诺贝尔奖获得者在巴黎发表联合宣言：21世纪人类要生存，就必须汲取2000年前孔子的智慧。

余一清很认同中科院院士杨叔子的观点："没有科技的民族，一打就垮；没有文化的民族，不打自垮。"作为一个中国人，首先要熟悉自己的文化。

老祖宗几千年沉淀下的经典字字珠玑。好比自己家里有一筐子智慧，你不去看，不去读，偏偏要舍近求远。教育也是如此，有一个家长是眼镜公司的老板，几番交流后，将《弟子规》印得到处都是，见人就发一本，因为"教小孩子的好东西，里面都讲清楚了"。

余氏兄妹认为中华民族思想文化教育的内核是做人的道理，培养儿童的文化底蕴、人格修养和道德品质。最核心的没把握住，只把握细枝末节，势必会出问题。现在馒头可以染色、西瓜搞膨化剂、饮料弄塑化剂，根源还是在人心，没有伪劣人品，哪来伪劣产品？中华要崛起，先得问一句：人文教育准备好了吗？

现在的年轻人很迷茫，不知道方向。药家鑫、马加爵，在上海机场捅妈妈9刀的留学生，所作所为与传统的"温润如玉、谦谦君子"大相径庭。

药家鑫的手修剪得特别好，这样的人怎么会想到去杀人。因为从小到大，他的父母只要他做两件事，一是做作业，二是弹钢琴。"这是人文教育缺失的典型，没有感情和文化底蕴的教育"。教儿教女，先教自己。大方常年做"家长课堂"，与他们沟通教育真正的智慧。

作为中华传统文化的追崇者，余一清、余一彦们认为强调"天人合一、道法自然"、主张"修齐治平、和而不同"的东方智慧有责任、有希望阻止人类集体自杀，并引领人类重归和平、安宁的生存环境。植根塑魂必须从儿童开始。

关于"儿童读经"

1994年，台湾学者王财贵开始在全球推广"儿童读经"，即13岁之前的儿童时期，大量诵读中华经典书籍。1998年起，国学大师南怀瑾领导的"香港国际文教基金会"（ICI）将"读经"引入内地，加之中国青少年发展基金会发起、由南公弟子主持

的"古诗文诵读工程",中国内地已有数百万的儿童和家长在"读经"。

武汉大方学校是以"读经"为特色,兼顾应试教育的新式小学。目前有7个年级,分别是:启蒙(学前班)、立本(1年级)、固基(2年级)、养正(3年级)、明伦(4年级)、育德(5年级)、开智(6年级),师生700余人,是全国规模最大的经典文化学校。

追寻百年后第一枪
武汉鼓风机

武汉鼓风机：
美国上市鼓起世界风

文/方政军 王耀辉

<u>放眼全国，改制后的老国企，在当今市场经济新形势下"混得开"的，屈指可数。</u>

<u>更别提，走出国门，冲击国际。</u>

<u>武汉一家企业，通过改进生产方式，从"大锅饭"到"纳斯达克上市"，从传统生产方式转变为高科技为支撑，国际化步伐越走越快。</u>

<u>武汉第一个在美国上市的企业——武汉鼓风机有限公司——率先扬起世界风。</u>

我国风机行业第一家在美国纳斯达克资本市场上市的武汉鼓风机公司，迈上资本国际化运作和融资经营平台以来，实现了从一个"老字号"国企到美国证券市场上市的辉煌转变。

武汉鼓风机有限公司是国家大型电站配套风机和噪控设备生产基地，全国三大风机测试中心之一，全国CAD应用示范企业，湖北省、武汉市高新技术企业和管理样板企业。

武鼓生产的风机系列产品主要是通过送风排气、引风、冷却、除尘达到脱硫、脱硝的目的。党和国家领导人，国家部委、湖北省、武汉市领导以及世界风机行业巨头曾多次到公司考察，对武鼓为发展低碳经济、构建"两型社会"所作的贡献给予了充分肯定和高度评价。

美国环太平洋商贸集团董事局主席、美国亚洲资本集团董事局主席兼总裁、美国总统克林顿翻译安迪·樊与清华大学客座教授、美国摩立摩根资本与投资集团中国区总裁刘建华在《融资—奔向纳斯达克》一书撰写武鼓7个月成功上市的经验——"武汉鼓风机：从濒临倒闭到重获新生"，作为经典案例著入该书。安迪·樊赞扬道：武鼓成功上市是一种激进的"武汉现象"。

几年间，武汉鼓风机公司在董事局主席、总裁徐杰的带领下，实现了从一个"老字号"国企向国际化企业的成功跨越。

武鼓荣获"湖北省'双优'企业"荣誉称号，公司设计、制造的多项产品荣获国家和行业金奖。湖北省人民政府授予"守合同重信用"企业，董事局主席、总裁徐杰先后被评为"武汉市十大杰出创业家"和"创名牌突出贡献人物"。

徐杰说，2009年，武鼓牢固树立服务意识、质量意识、责任意识，积极应对国际金融危机冲击，积极参与省内重大基础设施建设项目的协助工作，荣获"2009年度最具成长力湖北企业50强"荣誉称号。

2010年，武鼓积极参与国家荒漠治理，中国治理荒漠化基金会副会长兼秘书长、

国家荒漠治理公司董事长朱启良到武鼓生产基地实地考察后，评价"武鼓制造，质量可靠；选择武鼓选择希望、选择武鼓选择放心、选择武鼓选择成功"，当即与武鼓公司签订1.5亿元的风机供货合同。拥有联合国16个国家碳排放量的香港万里能源集团准备近期考察武鼓后签订战略合作协议。

徐认为，面对金融危机，武汉鼓风机公司逆流而上，克难奋进，开拓创新，在产品系列化和市场多元化的格局基础上，主动实施战略转型，坚持四大创新，成功实现市场结构、产品结构和经营管理模式三个方面的转型：

——产品创新。在金融危机面前，公司迎难而上，加大新产品开发力度，抢占市场，推进产品和技术的战略转型，成功研发了轴流静调风机，当年形成量产投入市场。产品结构得到进一步调整。

——市场创新。钢铁和冶金行业是公司多年以来的主打市场。针对市场突如其来的变化，公司及时与国家产业政策对接，调整方向主攻电力行业，改变了国内轴流风机制造的市场格局。

——管理机制创新。去年以来，生产一线员工新的考核制度开始实施。通过公平透明以激励为主的考核方案，调动了广大员工的积极性和劳动热情，生产车间产值连创新高。

2008年员工标准岗位工资增幅达25%；其中，生产车间工人工资增幅达22%。2009年度总结大会上，公司又决定全员工资再涨20%。压缩行政开支，降低管理费用，并号召员工节约"每一度电、每一滴油、每一滴水"，改进生产工艺，降低工艺性成本，减少生产环节的浪费。

——经营模式创新。在产能矛盾、供需矛盾突出的情况下，公司改变了原有的完全依赖自制的生产格局，采取了协作加工的模式，弥补了产能的不足，及时推行供应链管理制度的经营模式，为今后企业开展产业链的整合工作打下坚实的基础。

在立足风机主业的基础上，向规模化、集团化轨道发展，实现多元化经营。

武鼓公司投资兴建的武汉发电设备制造有限公司，已经能够成套生产符合环保要求、高效节能、热电联供的各类火力电站设备和水力电站设备，且具有外贸自主权，可以承包海内外电站工程，并与国内外知名公司合作生产发电设备。

华中科技大学能源与动力工程学院流体机械及工程系主任、教授、博士生导师王军说："改制上市的武鼓拥有先进的生产、科研设备，拥有自主创新能力，已经成为我校学生专业实习基地之一和科技成果转换为生产力的重要平台。"

技术实力支撑武鼓行业地位，如今，武鼓成为国内全面系统引进消声器技术的唯一生产厂家。公司产品广泛运用于石化、地铁、电力、环保、冶金、建材、矿山等国民经济领域。

经过50余年的积累和发展，不仅占有稳定的国内市场，同时还销往日本、伊朗、巴西、越南、泰国、印尼、赞比亚、非洲、巴基斯坦等20多个国际地区。

截至2010年，公司已成为我国中西南地区最大的鼓风机制造企业，中国通用机械工业协会风机协会副理事单位，集团公司总裁武鼓总经理陈俊涛担任中国风机协会副理事长。

徐杰认为，武鼓在行业中的地位和国际上的影响，是靠过硬的技术和强大的实力作支撑的。

其研发的"离心通风机内流理论及设计计算系统的研究与应用"，获国家科学技术进步一等奖、"罗茨鼓风机系列更新研究 二等奖"；机械工业部授予武汉鼓风机厂"AL系列离心送引风机被列为机械工业第十八批节能机电产品推广项目"证书。

中国通用机械工业协会风机分会理事长苏永强表示，武鼓代表风机行业研发并制定了《现行中国消声器生产制作标准和工艺流程》，功不可没；武鼓作为我国风机行业唯一一家在美国纳斯达克上市的企业，是风机行业的榜样；武鼓作为中西南地区理事长单位，有能力为地铁项目提供优质的风机和便捷高效的售后服务。

据介绍，武鼓在国际上具有相当的影响力。日本三菱重工业株式会社北京代表处致函认可公司作为三菱在中国唯一的300MW～1000MW电站整机（包括转子、叶片、液压装置等核心部件）的海外制造基地，公司分包制造的日本KASHIMA电厂（700MW）项目中的送风机ML-H1-R132/270(FDF)单级轴流风机，引风机ML-H2-R200/363(IDF)双级轴流风机，通过三菱重工A检验收，质量全部满足设计要求。公司分包制造的中国珠海电厂2×700MW燃煤机组项目，其送风机ML-R140/300(FDF)、引风机ML-H1-R175/330(IDF)动叶可调轴流风机，通过三菱重工A检验收，质量全部满足设计要求。该风机现均已投入运行，运行情况良好。自从武鼓与三菱重工合作以来，共同打进国际市场，在世界风机领域担当重要角色。

武鼓是三菱重工在亚洲的生产基地和合格供应商。在世界风机行业一枝独秀。

在国际金融危机的影响下，武鼓部分业主项目暂时搁置，导致大量产成设备积压，合同回款延期，这严重影响了公司的正常生产经营。

武鼓对于业主方的困境也给予充分谅解，与用户一同抱团度过困难时期。公司董事会及高层一致决议：响应政府号召，不减薪、不裁员，实现平稳过渡。

武鼓在湖北地区的产品供应规划主要包括钢铁（例如武钢）、电力（例如华中电

力)、水泥(例如华新水泥)、武汉地铁等行业。在市场运营过程中,武鼓公司凭借优质的产品、良好的信誉和高效的售后服务,在国内市场占据举足轻重的地位。

2010年,武鼓在发展过程中确实遇到不少困难,尤其是2009年受国际金融危机的影响,抵抗市场冲击压力较大。但武鼓人本着"扛起责任,超越自我,向国内一流风机企业奋进"的信念,振奋精神,迎接挑战。

改制前原武汉鼓风机厂年产值是4000万元,电站风机最大为30MW发电机组,出口项目为年产值200万元左右;改制后到2009年武鼓公司产值达到3.2亿元。电站风机最大为100MW发电机组,出口项目达到改制前20倍年产值为4000万元左右,此外,改制后武鼓又研制了AF9000大型烧结风机,大型循环风机,大型脱硫增压风机,电站静叶可调轴流风机,D3500-16转炉煤气鼓风机,D1590-11海水脱硫风机,开创了新发展、新实力、新局面,努力向"风机企业的第一集团军"发展。

2009年8月,武鼓公司为满足武汉地铁建设需要,收购浙江双阳风机有限公司,成立了专业的地铁风机公司,与华中科技大学共同系列研发地铁风机,并对原有地铁轴流风机的设计进行的创新和优化,风机亮相"科技、创新、绿色机电"第十届中国国际机电产品博览会并获特殊贡献奖。公司投资兴建了模拟地铁测试隧道,并于2009年9月份正式试验成功,其性能与稳定性均属同行业一流水平。至此,武鼓公司建成了集地铁类风机研发、生产制作及售后服务的整个产、学、研产业链条。

中国通用机械工业协会风机分会专门给湖北省和武汉市政府发来推荐函,认为武鼓公司服务武汉地铁具备较强的竞争实力。

2010年3月1日，时任武汉市市长的阮成发与华中科技大学校长李培根签署了全面战略合作框架协议，拉开了华中科技大学与武汉开展战略合作，加快推进武汉市"两型社会"建设特别是东湖"国家自主创新示范区"建设的序幕，为高新技术向生产力的转化，为校企合作创造了难得的机遇。

　　作为东湖高新技术企业的武鼓公司未雨绸缪，利用在行业中的技术优势和市场优势，拟与华中科技大学建立联合研发实验室和流体工程与流体机械工程中心，准备对地铁隧道轴流风机设计及优化上下苦功、练内力，争取在3—5年内能在核电、风电、污水处理、地铁隧道通风、矿山建立自己的品牌影响力，并在国际上形成一定的技术和产品辐射力。让"武汉制造"提升为"武汉创造"。

　　在采访中，武汉鼓风机公司董事局主席、总裁徐杰呼吁：目前，企业急需通过政策引导、市场调整、信息导向等方式，在公平、公正的竞争平台上，健康、和谐的经济运行秩序中加入到湖北经济建设的队伍当中。

　　他迫切希望在互惠互利的基础上与当地大型企业结对互助，增强产业关联度，建立长期的战略合作伙伴关系，携手并进，促进武汉都市圈经济协调发展，共同打造武汉装备制造业更加辉煌的未来。

资料来源：
新华网湖北频道
《徐杰：武汉鼓风机公司美国上市鼓起世界风》2010年5月31日
新华社记者方政军 《政策》记者王耀辉

附录

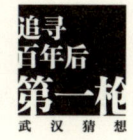

武汉猜想

文/王保利 金涛 何玮 张涛

武汉猜想其一：何时重返中国一线大城市

美国《国家地理》卫星精测，武汉是中国最大城市（城区面积），名列"世界十大都市"第二名。

现代史、当代史，武汉工商实力曾坐三望二，坐四望三。

人们猜想，这座目前中国二线城市，何时再返一线大城市。

法新社2004年报道：美国《国家地理》当年公布"世界十大都市排行榜"卫星精测结果，中国最大城市（城区面积）是武汉。武汉首次让中国城市进入这个"排行榜"（1949年前上海和武汉的汉口进入过世界十大都市）。

与之形成反差的是：中国国内大城市排行，武汉多年落在10名之外。媒体一般称武汉为中国二线大城市。

2009年11月，"院士研讨会"在京召开，研究武汉十二五规划。规划提出："十二五"末，武汉年生产总值由目前4000亿元，"翻一个跟头云"突破到10000亿元。

这个让人惊奇的目标，再次点燃武汉人一个长久猜想：这座城市何时重返中国一线大城市。

中国现代史、当代史，身披一线城市大氅，武汉曾名至实归。

明末清初，"九省通衢"，"帆樯相属，不分昼夜"，"市邑雄富，列肆繁错"，武汉地区的汉口，名列中国四大名镇（商业中心）之首。

上世纪初至30年代，地处京广铁路和长江流域两条重要经济走廊交汇点的武汉，工业雄起，工商实力"驾乎津门，直追沪上"，国内排在二三位。

武汉对外开放早，19世纪中叶以后70余年（抗日战争中断）间，是中国内地沿长江向大海，向西方开放的"顶水点"（源头）。

新中国成立，直辖市"汉口市"、湖北省会"武昌市"、地级市"汉阳市"，三市合并，诞生了当时中国最大的城市、最早的直辖市——武汉。

"一五"、"二五"，至20世纪80年代中期，武汉是中国最强势工业基地之一，上缴国税一度是整个广东省的数倍，经济实力稳定在共和国三四位。

后来，中国对外开放"先南方，后内地"，"先沿海，后长江流域"，武汉发展10年徘徊，然后奋起直追。

一代人过去了，武汉人有理由问一句：我们何时重返一线大城市？

"十二五"行不行？

"十三五"呢？

武汉猜想其二：何时立身全球超级城市

《未来学家》发表美国学者麦金利·康维文章，预测中国武汉和上海在未来20—30年内，跻身世界十大超级城市。

请北京高层官员、学者论证武汉超级城市，武汉只在2000年做过一次。以后只做不说。

不过，武汉人也从未说过：麦金利的猜想不切实际。

1999年，《未来学家》发表美国学者麦金利·康维文章：《未来的巨大城市》，提出超级城市概念，预测中国武汉和上海在未来20—30年内，跻身世界十大超级城市。武汉排在第2位，上海排第4。

其他8个城市分别是：1.班加罗尔(印度)；3.伊斯坦布尔(土耳其)；5.曼谷(泰国)；6.丹佛(美国)；7.亚特兰大(美国)；8.昆坎—图卢姆地区(墨西哥)；9.马德里(西班牙)；10.温哥华(加拿大)。

麦金利·康韦分析，武汉成长为超级城市，至少有两大条件：

长江（其实还有汉江）贯穿全城，水源丰富，地下水拥有量世界第一。

人类未来是高科技驱动时代，武汉拥有的是由高科技所驱动的时代，武汉拥有密集理工大学的技术学院，人才济济，科技发展前途无量。

新世纪初，武汉召开笔谈会，邀请人大、政协、国务院高层官员、学者，研讨这

个近乎"神话"的"武汉猜想",结论是:基础好,条件多,建设国际大都市,武汉早晚要脱颖而出。

10年过去,向着国际大都市方向前进,武汉重新改造、重新构架这座城市的基础,创造许多"从无到有","由少到多"。

2008年,武汉动建中心城区周边建6个生态宜居"卫星城",日后城市空间形成"一城六星"。

同年,"1+8"武汉城市圈展开实施综合改革、携手发展。

50年前,武汉建起长江上第一座大桥。

新千年,武汉挖出长江下第一条隧道。

2009年,武汉做出计划:再过10年,过江通道(含汉江)由现在13条增加到29条。当年,麦金利论证武汉超级城市两大条件,其一是水资源。武汉正在建设一个宏大的水网工程:大江大河串起20多个湖泊,环拥三镇七个核心城区。与威尼斯相比,这个未来全球最壮观的水上大都市,水域大了近1000倍。

麦金利提出的另一个条件是科技优势。科技实力怎样转化为产业,武汉人探索了二三十年。武汉·中国光谷的诞生,冲破谜团,照亮武汉建设国家高技术产业基地前景。

上世纪90年代,武汉正式提出建设国际性城市,一时争议四起。相当多数的意见是实力太差,底气不足。

曾几何时,争议消失了,或者说,争议的焦点转换了,不再是能不能建成的问题,而是什么时候建成,是早几年,还是晚几年的总问题。

心态的转变,可能是武汉市人走向未来、武汉这座城市走向未来最大的资本。

请北京高层官员、学者论证武汉超级城市,武汉只在2000年做过一次。以后只做不说。

不过,武汉人知道:麦金利猜想从未熄灭。